ENEOS
32
JAPAN
32
ENEOS
32
12

2016

U−23フレンドリーマッチ

2018

アジア競技大会

私自身にどんな未来が待っているのか、
楽しみで仕方がありません。
自分が努力していたら、
未来もどんどん明るい方向に変わっていくと、
そう信じています。

2021

東京2020オリンピック

オリンピックで一番記憶に残っているのは、
大会が終わってから、実家に帰ってご飯を食べていたときのことです。
母の料理を食べていたら、いきなり涙が溢れ出て止まらなくなったのです。
実家で号泣するなんて、小中学生のとき以来だったと思います。

JAPAN
32

NAGAOKA
0

JAPAN
32

2023

アジア競技大会

2024

オリンピック世界最終予選（OQT）

これまで何度も名前を挙げた吉田亜沙美さんを、
このOQTでも挙げさせてください。ゲームのどの場面で出されても、
私自身が自分の力を出し切って結果につなげること。それは、吉田さんから教わったことです。
それを36歳になった吉田さんが今なお実践しているところに感動を覚えたのです。
しかも日本代表の正ポイントガードを長年担ってきた人が、
何年かのブランクを経て戻ってきて、バックアップとしてチームメイトを支える。
そんなチームに貢献する姿にも感動したし、
改めて、「この人を見て、育ってきてよかったな」と強く思いました。

2024

パリ2024オリンピック

あしたも笑顔で

著
宮崎早織
ENEOSサンフラワーズ
バスケットボール女子日本代表PG

ベースボール・マガジン社

はじめに

パリ2024オリンピックは楽しかったです。

私にとって初めての著書はこの言葉から始めたいと思います。

バスケットボール女子日本代表のメンバーとして参加したパリ2024オリンピックの結果は3連敗で、予選グループ敗退でした。順位は12カ国中12位。3年前に行われた東京2020オリンピックでの銀メダル獲得から見れば、大幅な後退です。その結果で「楽しかった」とはどういうことだと、ファンの方からはそうお叱りを受けそうです。

もちろん悔しさがないわけではありません。私のことだけでなく、チームのことを応援してくださったファンのみなさんに申し訳ない気持ちもあります。それでもなお、そんなパリ2024オリンピックが「楽しかった」というのには理由があります。

3年前の東京2020オリンピックは、確かに結果こそ史上最高順位でしたが、私個人はどこか「お客さん」感がありました。最後の最後で初のメンバー入りを果たし、チームのためにそのときの自分にできることをすべて出しきりながら、それでもやはり世界と戦う上での未熟さを痛感しました。

それから3年、恩塚亨ヘッドコーチが掲げるバスケットを、私自身も試行錯誤を重ねながら、理解・遂行しようと走り続けてきました。その結果、パリ2024オリンピックではスタメン（スターティングメンバー）として3試合すべてに出場できたのです。

スタメンとして立ったオリンピックは、3年前のそれとは景色がまったく違いました。ここでいう「景色」とは見た目のそれではありません。心のなかの景色です。

何よりも覚悟が必要だったし、責任も、12番目の選手だった3年前に比べて明らかに重たいものでした。その覚悟と責任を自らに課しながら、私のなかでは常にバスケットを楽しみたいと思っていました。だから、結果に関わらず、私はパリ2024オリンピックを楽しかったと思えるのです。

しかも、新型コロナウイルスの影響を受けた前回とは違い、会場は多くの観客で覆われ、声援を直接受けながら、世界トップクラスの選手たちとバスケットができるのです。しかも両チーム合わせて10人しか立てないティップオフの輪のなかに、私もいられたんです。それを「楽しかった」と言わずに何と言えばよいのでしょう。

もちろん、負けたのですから原因はあります。それは一つではないと思うのです。いくつかの敗因が合わさって3連敗という結果になったのだと思います。それは素直に受け入れるつもりです。

私自身も東京2020オリンピックのときとは異なる無力さを痛感しました。いや、正直なところ、私自身のパフォーマンスについてはけっして悪いものではなかったと思います。3ポイントシュートの確率がめちゃくちゃ良かったとは言いませんが、めちゃくちゃ悪かったとも言えないものだったと思います。私が東京2020オリンピックのときの年齢（25歳）であれば、今大会は、自分がある程度活躍できたことで満足していたでしょう。

でも、パリ2024オリンピックの私は28歳でした。限りなく29歳に近い28歳でした。あれから積み重ねた3年は、パリ2024オリンピックで金メダルを獲るためにすべてを注ぎ込んだ3年間だったと言えます。その自負はあります。だからこそ、自分のパフォーマンスが良くても、チームを勝たせることができなかったことには自分の無力さを感じていたのです。

3戦目のベルギー戦が終わった後、馬瓜エブリン（デンソーアイリス）と抱き合いながら涙を流したのもそのためです。エブリンとはこれまでずっと一緒にチームを盛り上げてきていたので、チームが乗りきれないときこそ、私たちがそこを打破しなければいけなかったのです。それができなかったことが何よりも悔しかったです。

挑んだ2度目のオリンピックはそのような結果に終わりました。改めて私はまだまだ発展途上だなと感じました。発展途上ではあるけれど、ENEOSに入って10年、バスケットボールを始めて20年という節目を終えるタイミングで、ご縁があって、私の歩んできた道やバスケットボールに対する思いをまとめる機会をいただきました。

ENEOSでは日本一を経験し、そこから陥落する経験もしました。女子日本代表では一番下から這い上がり、本気で世界一を目指しました。そこに至るまでには、若くて未熟だった日々と、それでも私のことを支えてくれた多くの人たちがいます。その一つひとつが、私にとってはかけがえのない宝物です。

パリ2024オリンピックの日々はもう帰ってきません。それ以前の日々も同じです。だからこそ、これからも笑顔で前を向き続けるために、今の私のすべてをここに記していきたいと思います。

contents

第3章 苦手克服 逆境を楽しむ

contents

第4章 順風満帆なスタート

第5章 世界と戦うことについて

第6章 〝今〟だからこそ見える景色 〜未来へ〜

※本書内に登場する選手の所属および年齢は2024年10月1日現在。

CREDITS

編集協力
三上 太

口絵イラスト
田村 大

編集
石田 佳子
多賀 祐輔

デザイン
黄川田 洋志

写真
吉田 宗彦（カバー撮影ほか）
加藤 誠夫
Getty Images

企画・構成
冨久田 秀夫

特別協力
ＥＮＥＯＳサンフラワーズ
W.LEAGUE

日本バスケットボール協会

第 1 章

大きな壁を乗り越えて

貫いた私のこころ

バスケットボール女子日本代表は、パリ2024オリンピックを12位で終えました。東京2020オリンピックからの3年間は、そのメンバーとして走り続けた私にとって、本当にタフな日々でした。でも、まずは一つ、大きな節目を全力で走り切ったと実感しています。

女子日本代表（A代表）歴はまだ4年目ですが、JX-ENEOS（現ENEOS）サンフラワーズに入って11年目のシーズンに突入しようとしています。その間、学生時代には味わうことのなかった喜びを、さまざまな舞台で数多く得てきました。一方で、同じく学生時代には感じることのなかった苦悩や挫折もたくさん経験してきました。

そうした経験のなか、さまざまな壁を乗り越えて、今ようやく私のバスケットボール人生が花を咲かせようとしています。10年間貫いてきた自分のスタイルがようやく花開く、そんな思いです。

しかし、いまだ実を結ぶまでには至っていません。まだまだ成長の余地を残しています。でも、ほんの少しだけ、これまで見えなかった〝壁〟の向こう側が見え始めてきたような気がしています。

衝撃だった入団０年目

小学三年生からバスケットボールを始め、愛媛県の聖カタリナ女子高校（現聖カタリナ学園高校）を卒業するまで、私は挫折を感じることはありませんでした。悩みがなかったわけではありません。ただコートの上では、両親から授かった才能を頼りに、納得のできるプレーができていたのです。

しかし、才能だけで何とかなるのは学生時代までです。２０１４年に入団したＪＸ－ＥＮＥＯＳサンフラワーズでは、いきなり大きな壁にぶつかりました。

いや、その壁にぶつかる前にも思いがけないことが起こって、強い衝撃を受けていたのです。まずはそこからお話ししたいと思います。

私がＪＸ－ＥＮＥＯＳの練習用体育館に併設された「ひまわり寮」に入ったのは、２０１４年３月です。このときはまだ前のシーズン（２０１３－14シーズン）が続いていました。

現在のＷリーグにはアーリーエントリー制度があり、チームによっては高校や大学の卒業を待たずに次年度の入団予定選手がチームに帯同する、あるいは試合に出場することができるようになっています。しかし当時はその制度がなく、私がコートに立つことはありませんでした。

試合には出られませんが、前のシーズンは終わっていません。むしろ、これからプレーオフに入っていく大事な時期です。チームの練習が最も熱を帯びているときに、私はひまわり寮に入寮したのです。

同期は、私のほかに3人。山田愛と西山詩乃、小山真実です。私を含めた全員が高卒のプレーヤーでした。

本来であれば、ルーキーはまず身体づくりから始めます。それぞれの高校で主力メンバーだったとはいえ、Wリーグの選手に比べると身体は子どものようなものです。体力のみならずスキルにおいても、高校生がすぐに活躍できるほどWリーグは甘くありません。原則として、新人は先輩たちとは関わることのない別メニューだと聞かされていました。

しかし、その年の2月、つまり私たちが入寮する1カ月ほど前に、正ポイントガードの吉田亜沙美さん（現アイシンウィングス）が左ひざの前十字靭帯を断裂していました。

このケガは復帰までに一年近くかかるといわれています。

そのためチームは、ポイントガードが手薄な状態でした。新原茜さんがいましたが、一人でどうにかなるものではありません。練習相手も必要です。そこで目をつけられたのがルーキーだったのです。

ルーキーの４人はいずれもシューティングガードでしたが、私と山田、西山はポイントガードもできるのではないかと思われていたようです。ただ、山田と西山は、体重を少し増やした状態で入寮してきました。体重が増えれば、身体接触には耐えられるかもしれませんが、その分、ケガのリスクも大きくなります。コーチ陣は二人をチーム練習には加えませんでした。

白羽の矢を立てられたのが私です。山田や西山に比べて痩せっぽちの私が、いきなりシーズン終盤のピリピリしたチーム練習のなかに放り込まれ、渡嘉敷来夢さん（現アイシンウィングス）や間宮（現姓・大﨑）佑圭さん、宮澤夕貴さん（現富士通レッドウェーブ）といった日本代表クラスの選手たちに交じって練習をすることになったのです。

Ａチームの対戦相手をするわけですが、高卒のルーキーをいきなり本気モードのチーム練習に加えるなんて、訳のわからないチームに来てしまった……。そう思ったことをはっきりと覚えています。

先輩たちがそのことを覚えているかどうかはわかりません。吉田さんがケガをしている以上、高卒ルーキーであろうがチーム練習に入るのは当然だと思われていたかもしれません。あるいは、いきなりチーム練習に入れるなんてラッキーじゃんと、そう思われていたかもしれません。でも当時の私にはあまりにも衝撃すぎて、「何なんだ、このチームは……」という思いしかありませんでした。

そこからはもう毎日が地獄です。「おはようございます」のあいさつさえ消え入るような声になるので、先輩たちも「ユラ、どうしたの？　大丈夫？」と声を掛けてくださるほどの精神状態です。

「ユラ」というのは私のコートネームです。女子バスケットをあまり知らない方に説明すると、コートネームとは、いわばチーム内でのニックネームです。チームメイトはもちろん、コーチも選手をコートネームで呼びます。ＥＮＥＯＳだけでなく、ほかのチームでも女子日本代表でも、基本的にはコートネームで呼び合っています。女子のバレーボールにもあると聞いたことがありますが、女子バスケット界に長くある慣習のようなものです。

ちなみに、女子日本代表のように異なるチームから集まる場合、偶然、コートネームが重なることもあります。そのときはどちらかが譲って、所属チームとは異なる、たとえば高校時代のコートネームなどをつけることもあります。ユラは今のところ重なったことはありません。

ユラというコートネームは、「どんなことにも〝揺らがない〟選手になってほしい」との願いを込めて、先輩が決めてくれました。高校時代は「〝凛々しい〟選手になってほしい」と「リリ」でしたが、ＪＸ－ＥＮＥＯＳに入団後、木林稚栄さん（現山形銀行ライヤーズヘッドコーチ）が「リン」というコートネームだったため、紛らわしいということで不採用に。私自身、「ユラも響きがかわいいからいいかな」と思って受け入れました。

話を戻します。いきなり精神的に追い込まれた私は、心配して声を掛けてくださる先輩たちの気遣いさえ、うまく受け取れませんでした。しかも当時はまだ自分の背番号が入った練習用ビブスもなくて、チームのものを借りなければいけません。これがまた大きすぎて動きづらいし、かっこ悪いし……。いろんなことがパニックです。それが、今に続くENEOS人生の始まりでした。

「できない」「覚えられない」人生初の挫折

そこからバスケット人生で初めての〝壁〟を感じていくことになります。人生初の挫折と言ってもいいかもしれません。

一年目と二年目は、とにかく周りとの体格差を強く感じました。もちろん自分が身体接触に強い選手ではないことはわかっています。それでもスピードには自信があったのでディフェンスを抜くことはできたし、ドライブからシュートに持ち込むこともできました。ディフェンスがスピードを警戒して後ろに下がれば、3ポイントシュートを打つこともできました。国内はもとより、高校生年代の日本代表として戦った国際大会でもスピードでどうにかなっていたので、身体接触の弱さを気にすることはなかったのです。

しかし、それは高校生までの話。JX-ENEOSに入ると、スピードで抜けそうだと思っても、ファウルにならないギリギリのところで身体を当てられて失速させられます。そこから先には進めないし、何もさせてもらえません。

山田と西山は体格がよかったから、身体接触に対してもそれなりに対応できていました。でも当時の私は速さがあるだけの痩せっぽちでしたから、身体接触に対応できません。対応ができるようになるまでは、肉体的というよりも、精神的に苦しかったです。ウエイトトレーニングをして筋肉痛になりながらも、全力で走らなければいけませんでした。身体がついていかず、技術も全然追いついていきません。一年目は特にきついと感じていました。

それでもまだ、オフェンスは何とかなっていました。ペイントエリアに侵入せず、スピードを使ってディフェンスから逃げれば接触することはありませんから、何とかやり過ごせていたのです。でも逃げてばかりいるわけにはいきません。

問題はディフェンスです。そのころは、ディフェンスの分解練習がすごく多くて、トム（・ホーバス。現男子日本代表ヘッドコーチ）さんが、それを細かく指導していました。トムさんは当時、ＪＸ－ＥＮＥＯＳのアソシエイトヘッドコーチ（ヘッドコーチの補佐）を務めていたのです。

近年のバスケットは、オフェンスのときに、マッチアップするディフェンスとの間にズレをつくろうと、スクリーンプレーが複雑に組み込まれます。ディフェンスは、さまざまなスクリーンプレーをかいくぐって守らなければなりません。

特にポイントガードはボールを持つ機会が多いため、オンボールスクリーン（ボールマンに対するスクリーン）を何度もセットされます。練習でポイントガードを守っているのは私です。

オンボールスクリーンに対するＪＸ－ＥＮＥＯＳの基本的なディフェンス戦術はファイトオーバーでした。ボールマンとの間合いを詰め、身体を当てるようにしてスクリーンをかいくぐり、相手についていく守り方です。それができなければ、簡単にズレをつくられてしまいます。私がマークしなければいけないのは新原さんや岡本彩也花さん（現アイシンウィングス）、シーズンの途中からは吉田さんも復帰してきて、もう最悪です。ちょっと押したくらいではびくともしない先輩たちです。だからといって思い切り押せばファウルになってしまいます。パワーもスピードもある先輩を目の前にしながら、スクリーナーとして私のそばに立つのが間宮さんと渡嘉敷さん……。無理だと思いませんか？　無理なのです。

でもトムさんは一切の妥協を許しません。入団一年目、二年目の私であっても、きちんとできていなければ何回でもやり直しを求めます。もう一回、もう一回と言って、20回くらいやり直しをさせられた記憶があります。

何とかファイトオーバーの練習を乗り切ったと思ったら、次はオフボール（ボールを持っていない状態）でのフレアスクリーンやダウンスクリーンに対抗する練習が始まります。ここでも間宮さんか渡嘉敷さんがスクリーンに来るわけです。まともにぶつかったら吹っ飛ばされるのは私です。吹っ飛ばされて痛い思いをしているのに「ユラができていない。もう一回！」と私が叱られるのです。本当に難しくて、できなくて、何度もやり直しをさせられて、毎日泣いていました。

個人スポーツであれば、できないことをやり直すことになっても苦しむのは自分だけです。でもバスケットはチームスポーツです。私一人がやり直しをさせられると、みんなの大切な練習時間を奪うことになります。みんなも内心では「またユラか……」と思っていたに違いありません。それでも毎回、私のところでのやり直しにつき合ってくれる先輩がいて、申し訳ないと思っていました。

チームの基本戦術ともいうべき練習ですらそんな調子なのに、そのうえ試合に出ようと思えばＪＸ-ＥＮＥＯＳのセットプレー（フォーメーション）も覚えなければいけません。同時にAチームの練習のために相手チームのセットプレーも覚えなければいけないのです。正式入団後はポイントガードとシューティングガードのどちらもプレーしなければいけなかったので、両方のポジションの動きを覚えなければならず、覚えることが2倍でした。本当に苦しい毎日でした。

レベルの違いを目の当たりにして

今だから言いますが、当時は、試合には全然出たくなかったです。学生時代とは次元もレベルも違いすぎて、無理だと思うことが多すぎました。JX-ENEOSが日本一のチームであることは知っていましたが、想像をはるかに上回っていました。驚きを通り越して呆れるほど、次元もレベルも違いすぎたのです。

試合に出たいとは思わないのですが、たまたま誰かがケガをして、試合に〝出ることになってしまう〟のです。思ってもみないチャンスが転がり込んでくるわけです。逃げたくても逃げられません。必死に身体を動かしながらも、常に生きた心地がしませんでした。ある種の不安と恐怖に覆われていたのです。

正式にメンバー登録をされた一年目も同じようなことがありました。入寮したときにはケガのリスクがあって練習に加わっていなかった同期の山田が、一年目のプレシーズンはずっとスタメンで起用されていました。試されていたと言ったほうがいいかもしれません。桜花学園高校（愛知県）出身の彼女は身体接触に強くシュート力もあるため、コーチ陣からも吉田さんや新原さんのバックアップとして期待されていたのでしょう。だからといって、羨ましいとは思いません。「自分も頑張らなきゃな」くらいにしか思っていなかったのです。

しかし開幕直前に、その山田が左ひざの前十字靭帯を断裂してしまいます。彼女はそれからもケガに悩まされ続けて、２０１８‐19シーズンで引退を決断します（その後、ケガを克服し、オーストラリアに渡ってプレーヤーとして復活を遂げました）。

そのときはまだ吉田さんもケガから復帰できていません。開幕戦はトヨタ自動車アンテロープスとのゲームです。本来であれば新原さんがポイントガード、岡本さんがシューティングガードでゲームを進めていくはずでした。実際、それでスタートしたのですが、新原さんのコンディションがあまり良くなく、ゲームの途中から岡本さんがポイントガードとしてプレーすることになったのです。すると今度はシューティングガードがいなくなります。まったくいないわけではありませんが、本職ではないか、あるいは一、二年目の実戦経験の少ない選手しかいません。

今もそうですが、ＪＸ－ＥＮＥＯＳでは一定のディフェンス力があると認められなければ、試合に起用してもらえません。ところが、ディフェンスで及第点を得ているシューティングガードはいなかったのです。当時のヘッドコーチである佐藤清美さん（現秋田銀行レッドアローズヘッドコーチ）は、スピードのある選手を好むタイプだったこともあり、半ば仕方なく私を試合に出す決断をします。２０１４年10月31日のことです。

デビュー戦でバッシュの紐が……

コートに出る直前まで、私は先輩たちの給水ボトルを準備していました。ゲームの流れ的にタイムアウトを取る様子だったので、〝一年生〟としての仕事をしていたのです。そんなときに「ユラ」と呼ばれました。いや、呼ばれたようなのです。タイムアウトのタイミングで選手交代をすることはよくありますが、まさか一年目の私がこのタイミングで呼ばれるはずがない。そう思ったので必死にボトルの準備を続けていました。そうしたら、ベンチに座っていた吉田さんが「ユラ！！！」と鋭く叫んだのです。

「え？　私？」

バタバタとベンチの前を横切って、コーチのもとに走っていきました。今だから言えますが、心の準備すらしていない状態です。

しかも、コートに出た直後にやらかしてしまいます。当時のトヨタ自動車のオフェンスは、ボールから離れるように動くフレアスクリーンを基本にしていました。韓国人のチョン・ヘイルさんが長年ヘッドコーチを務めていたので、韓国スタイルのオフェンスを採用していたのです。フレアスクリーンの多用もその一つです。

私がマッチアップするのは、めちゃくちゃフィジカルの強い鈴木一実さんか、あるいはスピードと3ポイントシュートが武器の川原麻耶さんです。

心の準備すらしていない私ですから、内心は「これはもうダメだ……。終わった」と思っていました。だからといって何もしなければ、二度と出番は来ないかもしれません。相手をつかんででもついていかなければ絶対に怒られると思って、必死に食らいつきました。

実際、コートに入る直前にもコーチ陣から「とりあえずオフェンスはみんなに任せればいいから、ディフェンスを死ぬ気で頑張って」と送り出されました。

「必死に食らいつくしかない」。そう思ってディフェンスをしているときに鈴木さんに足を踏まれて、バッシュ（バスケットボールシューズ）が脱げてしまったのです。「え？」という感じですよね。バッシュの紐をしっかりと結ぶことすらできていなかったわけです。ケンケンしながらバッシュを履き直して、「ヤバっ……。やっちゃった」と。コートにいる間宮さんからも「何してんの、おまえ？」みたいに言われるし、ベンチの吉田さんからも「試合中にバッシュを脱ぐな！」と叫ばれる始末。ますます「ヤッべぇ。やっちまった。ヤバいことをしてしまった」という思いが強まるわけです。

そんな心理状態のなか、次の2回のオフェンスで、私は3ポイントシュートを奇跡的に2本連続で決めて、2点差まで追い上げました。

結局、その試合には負けてしまうのですが、個人成績としては周囲の想像以上に成果を出していました。10分の出場で8得点、1スティール。トヨタ自動車からすれば、取るに足らない高卒ルーキーだから、やられることはないだろうし、やられても大勢に影響はないと考えていたかもしれません。でも、そこから私の道が開けていくのです。

初めての「試合に出たくない」感覚

開幕戦でのいきなりの失態。それでも訳のわからないうちに結果を残した私は、5戦目の日立ハイテククーガーズ戦からスタメンに起用されます。そのシーズンはレギュラーシーズンが全30試合、そのうち29試合に出場し、24試合はスタメンでした。プレシーズンとは異なる地獄が始まります。

ENEOSは今も昔もディフェンスで奪ったボールを素早く相手ゴールに向けて進めていく、トランジションバスケットをチームスタイルに掲げています。自陣で得たボールを敵陣へ運ぶとき、直線的なドリブルで運べるのが私の持ち味ですし、プレーの特長でもあります。その点においてはコーチ陣から評価を得ていたのでしょう。

ただ、心のなかでは常に「マジで最悪」と思っていたし、本当に試合に出たくありませんでした。試合に出たいと思っている周りのチームメイトたちには申し訳ないのですが、当時はそこまで気が回りません。毎週末、「ああ、今日も試合だ……」と憂鬱な気分だったのです。

「試合に出たくない」という感覚は人生で初めてです。バスケットを始めた小学二年生のときに、コーチにいきなり「試合に出して！　私も試合に出たい」と言った私です。実際に出してもらったのに何もできなくて、逆に怖くなってコートの真ん中で泣き出し、すぐにベンチに戻ったらしいのですが、そこは記憶がありません。でもそれほど試合に出たいという意欲に溢れていました。

それ以降も、学生時代はとにかく試合に出たいという思いが強かったし、学年を上げていくごとに自分が出るのは当たり前くらいに思っていました。

それが、ＪＸ－ＥＮＥＯＳに入ると真逆になったのです。入団直後の練習でその差をまざまざと見せつけられたからかもしれません。当時はＪＸ－ＥＮＥＯＳが負けることがまったく考えられなかったので、「私では無理だ。たとえ出されても迷惑をかけるだけだ」「自分のミスで負けてしまうのではないか」と思うと、試合に出たくなかったのです。

それほど余裕がありませんでした。ポイントガードなんてやったことがなかったし、そもそも相手に接触されることが嫌なのに、ボールを持っていれば何かしらずっと接触されることになります。相手チームはそうやってプレッシャーを掛けてきますから。

吉田さんが復帰してからも、そのオーダーは続きます。点差が拡がると、吉田さん、新原さんの順にコートに出ていき、その次が私です。相手としては当然ナメてきますよね。「あんた、誰？　ルーキー？　よし、じゃ、こいつのところで」と執拗にプレッシャーを掛けてきます。高卒のルーキーだからといって、優しく守ってあげようなんて誰も思いません。むしろ、若い芽は早めに摘んでおくか、くらいの厳しい世界です。本当に嫌でした。何度も逃げたいと思いましたが、逃げられるわけもありません。

だからといって、その状況を乗り越えようとも思いませんでした。いや、思えなかった、と言ったほうが正しいかもしれません。とにかく、一年目は目の前のことで精いっぱいで、先輩たちについていくだけでした。

〝干された〟状態が4カ月

入団3年目に、トムさんがJX-ENEOSのヘッドコーチに就任します。そのシーズンは結果的に無敗で、皇后杯とリーグ戦の二冠を達成しました。ところが、たとえ試合で勝っても若手中心のBチームの内容が良くなければ、Bチームだけの練習がありました。そのうえ寮の2階にある食堂に集められて、「あなたのここはいいけど、ここはダメ」みたいなミーティングもありました。

忘れもしない2016年10月29日の羽田ヴィッキーズ（現東京羽田ヴィッキーズ）戦。結果的にチームは90対42のダブルスコア以上で大勝します。

しかし、最後の最後で私がリバウンドを取られて、シュートを決められたのです。その結果、第4クォーターの10分間だけを見たら、14対15の1点差で負けていました。これはヤバいかなと思っていたら、案の定、トムさんから厳しい指摘が入りました。

「ユラ、ボックスアウトしていない！」

ボックスアウトはしていました。だから、「いや、ボックスアウトはしてたじゃん。してたけど、取られちゃったんじゃん」と、そう言いたいところでしたが、火に油を注ぐようなものです。形としてはボックスアウトをしていたつもりだけど、トムさんの基準からすると「していない」ということだったのかもしれません。

さらに、「ユラは1番（ポイントガード）と2番（シューティングガード）のどっちで出たいのですか？」とトムさんから問われます。当時は両方のポジションで使ってもらっていたのですが、周りにはシューティングガードとして出たい選手もいれば、ポイントガードで出たい選手もいます。だから自分勝手なことは言えないなと何も答えられないでいると、「聞いているんだけど」と、イライラしているのを感じました。

そこまで言われたら、私だって本音をぶつけるしかありません。学生のころからシューティングガードだったし、当時はポイントガードをやりたくなかったので、「2番です」と答えました。そうしたら「僕もそう思うよ。でも今のユラだったら、2番では一生試合には出られないよ」と、なぜか追い打ちをかけるように怒り出してしまったのです。

それがトムさん流の発破の掛け方だし、私の性格を見抜いて逆境に立ち向かわせようとしたのだと思います。それだけの信頼関係をお互いに築いてきたし、それがトムさんのコーチングスタイルだと、今は理解しています。しかし、当時はさすがに私も若かったし、言われた瞬間は、「え?」みたいな気持ちになっていました。

ただトムさんにそれだけ厳しく指摘されたのは初めてだったし、これは本当に試合に出られなくなると本気で思ってしまって、バスケット人生で初めてといっていい号泣をしました。吉田さんの同期で、私が入団したシーズンを最後に引退した寺田弥生子さんが寮の近くに住んでいたので、すぐに会いに行きました。「もう無理……。やめたい」と。

翌日も泣きながら一人でシューティングをしていたら、私が入団したシーズンにコーチとして入ってきた佐久本智さん（現監督）が、「ユラ、手伝おうか?」と気に掛けてくれたのですが、私は「大丈夫です、放っておいてください」と返してしまって……。今思い返しても最悪の態度です。

以降のレギュラーシーズンは、ゲームの最後の最後、１分か２分しか出してもらえなくなりました。そんな〝干されている〟状態が約４カ月も続きました。

開き直って自分を取り戻す

変化が訪れたのは、そのシーズンの最後、プレーオフ・ファイナルでした。2017年3月8日に行われた第1戦、いつものようにゲームの残り1分くらいのところで出してもらって、そこで3ポイントシュートを決めたのです。すると2日後の第2戦は第1クォーターからコートに送り出されます。そして第2クォーターの最後、同点の場面でハーフラインの手前から放り投げたシュートが決まりました。時間がないから放り投げただけなのですが、そのシュートが決まって逆転したのです。

短期決戦の鉄則と言うべきか、その勢いを買われ、第3戦は24分間出場しました。そして3ポイントシュートが、5本中3本も入りました。

周りで頑張っているチームメイトからしたら「何なの?」みたいになりますよね。日ごろから練習を頑張っている選手でもなかなかチャンスはもらえないし、もらったとしても、簡単に結果を出せるものではありません。しかも舞台はファイナルです。それまで4カ月くらい干されていて、その間、泣きながらシュートを打っていた私が、たった1分のチャンスで3ポイントシュートを決めて、2戦目は逆転のブザービーター。チームの９連覇に貢献したと評価されれば、チームメイトとして喜んでくれる一方で、「何なの、ユラ？」と思われても不思議はないと思います。

ただ、私の立場で言わせてもらえば、そのファイナルから少しずつ、自分自身を取り戻し始めていたのです。

正直なことを言えば、トムさんに怒られたとき、心のなかでは文字にはできない悪態をついていました。オブラートに包んで言えば「絶対に見返してやるからな」と思っていたのです。

しかし、試合になると怖くなっていたのも事実です。トムさんに怒られることが怖いのではありません。チームメイトのケガなどがあって一年目から起用されていたとはいえ、実力的に足りていないことはわかっていました。それをトムさんにはっきりと指摘されて、自分の力不足を受け入れるのが怖かったのです。

ただ３年目のシーズンが終わろうとするときに、いつまでもこんなへにゃへにゃしていてはダメだと思って、心だけは切り替えてファイナルに臨んでいたのです。たとえ最後の１分でも、自分の手元に来たボールを思いっきり打つだけだと思って打ったシュートが第１戦で入った、それくらい単純なことです。チャンスをつかんだとか、努力の賜物といったようなことではありません。ある種の開き直りだったように思います。しかし、それが自分を取り戻すきっかけになったのです。

信頼関係があればこそ

余談ですが、トムさんとの壮絶バトルはその後も続きます。

東京2020オリンピックのときは、最後の最後に私を登録メンバーに選んでくれましたが、合宿期間中は3年目に号泣したときと同じか、それ以上に怒られていました。口汚く言えば、そのときは「絶対に許さないからな」なんて思って、実際にオリンピックが終わった後にトムさんに言いました。「トムさん、本当にイヤだ」と。ただ、選手として求められることをしたうえで、はっきりと思ったことを口に出せることも、最終メンバーに選ばれた理由の一つではないかと思っています。

そんな私もJX－ENEOSの二年目くらいまでは、トムさんに反発しようなんて思ったこともありません。それがいつの間にか「トムさん、本当にうっとうしい」みたいな態度を取れるようになっていたのです。彼の感情があまりにも高まりすぎているときは、無視することもできるようになりました。

当時は同じチームだった宮澤さんからも「ユラ、成長したね〜」と言われました。「その成長ってどういう意味なの？」と思いながらも、当時の女子日本代表やJX-ENEOSで「みんなのために、ありがとう」と言われ、私がチームメイトのトムさんに対する盾になっていたのだとしたら、プレーとは異なる面でチームに貢献できていたのかもしれません。

ただ、お互いの名誉のために言いますが、これはトムさんと私の間に信頼関係があるからこそのやり取りです。漫才コンビの掛け合いに近いかもしれません。先ほど書いたように、私はトムさんに対してはっきりと「トムさん、本当にイヤだ」と言いますが、トムさんはそれを笑って受け止めてくれます。「バスケット選手としてすべきことをしっかりしてくれたら、それくらいの言葉は受け止めるよ」くらいの大きな心を持っています。マジで、お父さんです。

そういう関係性が築けていないのに、コーチに「イヤだ」とか「うっとうしい」とは言いません。コーチもまた理不尽な指摘や指導は絶対にしてはいけません。あくまでもトムさんと私の関係として成り立つエピソードです。

これ以上書くと、「炎上するからやめなさい」とマネジャーに叱られそうなので、やめておきます。

東京オリンピック前の混乱

話をＥＮＥＯＳに戻せば、その後も苦しみは絶えません。むしろ、年齢を重ねていくことでその質が変わっていき、より重みを増していったように思います。

それこそ、トムさんに泣かされて、干されて。でもファイナルで復活の兆しを見出した若いころに比べると、経験値を重ねた近年のほうが精神的にしんどいことも多くあります。周りも見えてくるし、自分ができていない部分がはっきりと理解できるので、若いときとは異なる苦しさがあるのです。

7年目のＷリーグ２０２０－21シーズンと次の２０２１－22シーズンは、ＥＮＥＯＳに入って一番と言えるくらい苦しい二年間だったかもしれません。東京２０２０オリンピックを挟んだ前後のシーズンです。

２０２０－21シーズンはケガもあって皇后杯はほとんど出られませんでした。パフォーマンスそのものは悪くなかったのですが、リーグ戦を含めて精神的に良くなかったシーズンです。チームとしてもＷリーグのファイナルでトヨタ自動車に負けて、ついに連覇を途絶えさせてしまいます。

さらに２０２１−22シーズン、つまり東京２０２０オリンピック直後のシーズンもめちゃくちゃ苦しかったです。そのシーズンにだけは絶対に戻りたくないです。

何に苦しんだかと言えば、チームが掲げるプレースタイルの違いでした。当然のことながら、ＥＮＥＯＳと日本代表とではバスケットのスタイルが違います。いくらトムさんがＪＸ−ＥＮＥＯＳの元ヘッドコーチだったとはいえ、日本代表とは選手が違いますし、何より対戦相手が違います。日本代表では、トムさんは世界で戦うための、いや、世界で勝つためのバスケットスタイルを生み出していたわけです。

私も当初は、長年ＪＸ−ＥＮＥＯＳのバスケットに慣れ親しんできた分、そのギャップを感じずにはいられませんでした。ただ、日本代表ではボールを持つことの多いガードが主体となってゲームを展開していきます。そこは私にも関わることですから、比較的スムーズに受け入れられるようになりました。そのうえ、目の前にチャンスが生まれれば、コート上の選手は誰でも自分の得意なプレーで得点を狙いにいけるわけですから、やりにくさはありません。

じつはＥＮＥＯＳでも、東京２０２０オリンピックの前年は日本代表と同じようにガード主体のバスケットをやっていました。渡嘉敷さんが右ひざの前十字靭帯を断裂したことが大きな要因ですが、シューターには宮澤さんと林咲希さん（現富士通レッドウェーブ）がいたので、彼女たちのシュート力を最大限に使おうとしていたわけです。それはそれで良かったと思っています。

問題は東京2020オリンピックの後です。渡嘉敷さんがケガから復帰してくると、ENEOSのバスケットはセンター中心のスタイルに戻ります。ENEOSは伝統的にそういうスタイルで勝っていたのですが、前述の通り、渡嘉敷さんがケガをしたことで、やむなくガード主体のバスケットになっていたわけです。苦しいことはありましたが、日本代表に近いスタイルですし、プレーとしては順応しやすかったです。しかし、それが元に戻るとなると、またギャップを埋め直さなければいけません。そこが簡単ではありませんでした。

どちらが良い、悪いという話ではありません。どちらにも良いところがあります。日本国内だけを見れば、渡嘉敷さんの高さを最優先で考えるENEOSのバスケットスタイルは理に適っています。それ自体を否定したいのではなく、スタイルが変われば、それに対応していくことの難しさがあるということです。

しかも東京２０２０オリンピックという大舞台で、わずかではありましたがコートに立ってプレーした私としては、そのプライドもあります。ガードとしての自分に自信を持てるようになっていたから、目の前が空いたらシュートを打ってもいいのではないかという思いと、チームとしてはあくまでも高さを生かして、まずは渡嘉敷さんを狙いたいという思惑、その狭間で葛藤していたのです。

渡嘉敷さんにパスを集めれば、間違いなく有利になり、勝利にも近づきます。それは私自身も理解しています。ただ自分が打ったほうがいいのか、高さにこだわったほうがいいのか、その判断基準が揺らいでしまっていたのです。

苦しみの連鎖でセミファイナル敗退

入団してからずっと、私は疑うことなく渡嘉敷さんへのパスを狙っていました。若いころの私はとにかく相手チームにナメられていたので、私を守っていたはずのディフェンスが私を捨ててでも渡嘉敷さんを守りに寄ることもありました。ただでさえボールが入った瞬間にほかのディフェンスが寄ってきて二人に守られることの多かった渡嘉敷さんです。そこに私のディフェンスまで寄るため、渡嘉敷さんは３人を相手にしなければいけなかったのです。

そんな渡嘉敷さんを私はずっと助けることができていませんでした。吉田さんがポイントガードだったときは、そんな場面でもオフェンスをうまくコントロールしていました。相手に的を絞らせず、でも気づくと渡嘉敷さんが得点を取るパターンに持ち込めていたのです。

私にはそれができませんでした。目の前のスペースを開けられるので3ポイントシュートを狙うのですが、それが入らなければ、いとも簡単にチームの流れが悪くなってしまいます。いったん渡嘉敷さんにパスを入れて、戻ってきたボールで3ポイントシュートを打つプレーであれば、まだいいのです。日本代表に通じるプレーでもあるし、チームで流れをつくることもできます。でも最初から3ポイントシュートが捨てられてしまう、日本代表ではほぼありえないバスケットに、どこかもどかしさを感じるようになっていました。

それだけではありません。渡嘉敷さん自身もケガからの復帰直後だったため、あまり積極的にペイントエリアを攻めていませんでした。心のどこかで再受傷を恐れていたのかもしれません。外から見ていた私がそう感じたくらいですから、渡嘉敷さん自身はもっと深い葛藤を抱えていたと思います。

選手がいろんな葛藤を抱えながら思い悩んでいると、チームとしていいバスケットはできません。それでも渡嘉敷さんを狙うことが第一選択肢だと考えているのであれば、私もまずは彼女を狙おうとします。同時に私のなかでは「めちゃくちゃ動ける渡嘉敷さん」が深く印象づいていますから、もう一つ積極的になりきれていない渡嘉敷さんにギャップを感じるわけです。

「何で私はこんなにまで渡嘉敷さんを頼っているのだろう？」

「渡嘉敷さんはすごく頑張ろうとしているのに、それをうまく使ってあげられない私は何なんだろう？」

そうした問いが頭のなかをグルグルと回って、「私がポイントガードで、みんながバラバラになってしまっている。申し訳ない」という思いに苛まれていました。それが何よりもつらかったのです。

もちろんＥＮＥＯＳの得点源は渡嘉敷さんだけはありません。そのシーズンは、宮澤さんこそ移籍していましたが、林さんはいました。でも当時の林さんは、失礼ながら、けっして自分からプレーをつくるタイプではありませんでした。もちろん、パスを出せば3ポイントシュートを打ってくれるし、高い確率で決めてくれます。でも自分で何かアクションを起こすタイプではなかったので、ポイントガードとしては「うまく使わなきゃ」という思いが先行して、余計に苦しかったのです。

そんなときに限って、岡本さんが右ひざの前十字靭帯を断裂してしまいます。今までずっと頼っていた岡本さんまでいなくなると、「私は誰を頼ればいいのだろう」と不安になります。何とか踏み止まって「そうか、自分でやるしかないんだ」と思うのですが、実際にはうまく立ち回れない自分を信用できず、周囲のチームメイトまで信用できなくなってしまいました。東京2020オリンピック直後のシーズンは、そんな苦しみのなかにあったのです。

そのシーズンは結局、プレーオフ・セミファイナルで富士通レッドウェーブに負けました。それもまた、私にとっては地獄でした。

試合後の記者会見でめちゃくちゃ泣いて、ヘッドコーチの清美さんに「大丈夫か?」と慰められているのに、それを受け止める余裕もありませんでした。「すべての責任は自分にある。試合を壊したのはすべて自分だ」と考え、オフシーズンに入ってもなかなか立ち直れませんでした。このときほど、「もうバスケットをしたくない」と思ったことはありません。当時は引退されていた吉田さんに相談もしましたが、やはりその苦しみから逃れることはできませんでした。

自分なりのメンタリティーを見出す

ただ振り返ってみると、その2シーズンがあったからこそ気づいたことがあります。むしろその2シーズンがなければ、今の私はなかったと言ってもいいくらいです。あのときは途方に暮れるほどずっと泣いていて、バスケットがおもしろくないとさえ思っていました。しかし同時に、「自分自身が変わらなきゃ」と気づいたのです。

それまでも自分自身が変わらなきゃと思うことはありましたし、変わってきていたつもりでした。でも実際はどこかで誰かが助けてくれていたのです。そのことを改めて痛感しました。そして、助けてもらえるのを当たり前だと思ってはダメなのだと。

これまで吉田さんや岡本さん、宮澤さんという先輩方を間近で見てきて、どこかで先輩たちが私たち後輩を助けることが普通だと思っていたのです。そこまでフォローされてもなお、目の前のことに精いっぱいで、うまくプレーできない選手はたくさんいます。バスケットボールは「経験のスポーツ」といわれるほど、試合での経験値が大きな差を生むことがあります。私はいろいろな経験をさせてもらいながらも、それを自分の経験値に置き換えることができていなかったのです。

それにも関わらず、ENEOSと日本代表のプレースタイルの違いに悶々としながら、苦しくなればケガをした渡嘉敷さんを頼ってしまったり、梅沢カディシャ樹奈や高田静、藤本愛瑚ら若い選手に多くのことを求めすぎていました。

「私はこんなにも勝ちたいのに、どうしてみんなは私がイメージしているレベルまで来てくれないの？」

実際にそんなことは言っていませんが、そう思ってしまうくらい自分勝手な勘違いに陥っていたのです。その挙げ句、勝てない、うまくいっていないもどかしさを周囲にぶつけていました。向けるべき矢印（ベクトル）を自分ではなく、他人に向けていたのです。

2シーズン連続で優勝できなかった後でようやく、「それは違うな」と気づきました。私自身が本気で変わって、みんなを助けなければいけない。それこそ私が先頭を切って必死になることで「ユラさんはこんなに頑張っている」と周りに思わせなければいけない。そうしてついてきてもらうことが理想なのに、まったく真逆の「何でやってくれないの？」が先行しすぎていました。

それに気づいてからは、他人にベクトルを向けることがなくなり、めちゃくちゃ楽になりました。誰かにではなく、「できないんだったら、大丈夫だよ。私がやるよ」みたいな感じになれたのです。後輩たちを信頼しないとか、できないなら私が勝手にやるよといった突き放す感覚ではありません。もっとシンプルな感じです。

ボールを受けてほしかったら、声に出して「受けに来て」と言ってあげる。それだけで済むのです。以前はそんな声さえも出さずに、「何で私が苦しめられているのに、ボールを受けに来ないの？」とイライラを募らせていました。声を出して要求するのは誰にでもできることです。経験の浅い後輩たちに、ましてや彼女たちも厳しいディフェンスを振り切るのに精いっぱいなところで、「察してよ」なんてことはあまりにも自分勝手です。Wリーグのレベルになれば、見ることや考えることが同じコート上にたくさんあるので、察すること自体が難しいのだと思えたのです。

私自身がやり方を変えないと、いつまでも自分が苦しむだけです。そこから考え方を変えました。一年かかりましたが、自分なりのメンタリティー、Wリーグで戦う選手としてのマインドセットができたことは本当に良かったと思います。

気づかせてくれた友人のひと言

そのことに大きなきっかけを与えてくれたのは近しい友人の言葉でした。私はその人にもイライラをぶつけていました。

「ねぇ、聞いてよ。(若い子たちは) 何でこんなこともできないの? 意味がわかんない。言われたことさえできないなんて……。私からしたら考えられない。しかも前にも同じことを言われているんだよ? おかしくない? そんな選手がプロって言っていいわけ?」

今思えば、いくら腹を立てていたとしても猛省すべき発言です。しかし、ここは炎上覚悟で、また自分の反省として書き残しておこうと思います。勝負ごとに臨んでいる人であれば、大なり小なり似たような思いに駆られた経験があると思います。ましてや、言いたいことははっきりと口にしてきた私ですから……。

そのとき、その友人から言われたのです。その人も、バスケットではないけれどスポーツをしている人です。

「早織さぁ、世の中には天才肌と努力型がいるんだよ。早織は天才肌かもしれないけど、少なくとも私は、早織がムカついた子たちと同じように努力して、いろんなことを身につけていくタイプだよ。だから、できない子の気持ちがわかるよ。できないことを『何でできないの？』って言われても、その子たちがそれを一番知りたいんじゃない？　ましてや相手は後輩でしょ？　先輩からそんな態度を取られてできるかって言われたら、私はできないと思うよ。もっと細かく『これはこう。これはこう』って最初から最後まで、早織が思っている動きを教えてあげないと絶対にできないよ」

そのときはイライラしていたから「はあ？」と思いましたが、後でその友人の言うとおりだなと腑に落ちました。

どちらかといえば、私は言われたことがすぐできるタイプです。学生時代もそうでしたし、ＥＮＥＯＳに入ってからも、フィジカルや判断の伴わないテクニックに関しては、すんなりとできるタイプでした。でも大切な友人の言葉が、そうではない選手もいることに気づかせてくれたのです。

しかもそれまでの私は誰かに何かを教えたことがなく、ただ「何でできないの？」と怒っているばかりでした。経験を積んできた先輩として後輩に示す態度ではありません。私自身が逆の立場で「何でできないの？」と言われても、訳がわからなくなって「どうしよう……」と不安になったでしょう。

それからは、むやみに「何でできないの？」と思わなくなりましたし、むしろ「何で今できなかったんだと思う？」と、相手の意見をきちんと聞いてから、自分の意見を言おうと考えるようになったのです。友人から良いアドバイスをもらったと感謝しています。ありがとう。

そう考えると、私が今、日本代表に選ばれるまでに成長できたことは、いろんな人たちが助けてくれたことが大きいと実感できます。どうして、こんな私を助けてくれたのか、聞いてみたいくらいです。助けてくれた人の多くは、私のことを裏切ってENEOSをやめていきましたけど……。あ、私はやめていく本人たちにも平気で言いますよ。「あぁ、裏切りだぁ」って。そう言うと、みんなも「また、ユラはそういうことを言ってぇ」と笑いながら、それぞれの新しい道に進んでいきます。結局のところ、今も仲良くさせてもらっています。

4年ぶりのリーグ優勝

2022-23シーズンは、4年ぶりにリーグ優勝を果たしました。そこでは自分の理想に大きく近づいたと思うのですが、一方で、だったら最初から——ファイナルの初戦から理想通りのプレーをしろよと、あのときの自分に注文をつけたい気持ちでいっぱいです。結果として最終戦となる第３戦までもつれこんでいるわけですから、まだまだ理想とは程遠いのかもしれません。

ただ、それ以前の苦しかった2シーズンを乗り越えての優勝でしたから、めちゃくちゃうれしかったです。うれしかったし、初めて自分に「めっちゃ頑張ったな」と言ってあげたいと思ったほどです。これまで溜め込んできた苦しみや悔しさを突き破ろうと頑張ってきたことがようやく報われた感じがしました。

最終戦の二度目のオーバータイムの残り1分34秒、相手の３ポイントシュートが外れたボールを取って、そのまま速攻に走り、バスケットカウントを決めたシーン。両チームともに、それまで48分以上戦っているわけですから、体力的に厳しかったと思います。足への疲労も相当溜まっていたはずです。でも、私は体力的に何の問題もありませんでした。

対戦相手のトヨタ自動車は私がスピードを使って攻めてくることを警戒して、ENEOSがディフェンスからオフェンスに切り替わる瞬間に、近くにいる誰かが必ずすぐに私をマークしに来ていました。スピードに乗らせないようにするためです。スローインをする選手のディフェンスさえ、ボールがあるラインまで下がって、私たちが得意とする速い展開を出させないにようにしていました。

自分らしさを発揮させてもらえずに悶々としていた私にとって、トヨタ自動車の選手たちが疲れてきたタイミングでボールが回ってきたのは、またとないチャンスです。「やっと私のスピードを出せるときが来た！」と直感的に思ったのです。しかもディフェンスに戻っていたのが、高さやパワーはあるけれどスピードでは負けていないフォワードの選手です。1対1ならまったく負ける気がしませんでした。

「ここはもう絶対にスピード勝負でしょ」

直前に林さんがリードを3点差に広げる3ポイントシュートを決めていたこともあって、「たとえ止められたとしても、すぐに逆転されることはない。ここはスピードで勝負して、シュートを打ちに行こう」。漫画みたいですが、瞬間的にそう思って仕掛けました。残り時間を考えるとコントロールすることも考えられますが、1対1の状況でしたし、それまでのストレスを解放して、「私が行く」と思って突っ込んでいったのです。

コロナ禍があったので、4年ぶり17回目のリーグ優勝です。

勝ったのはチームですが、私自身もようやく大きな壁を越えて、何かをつかんだ優勝だと思っています。

内なる壁を乗り越えていく

ここまでのエピソードからもわかると思いますが、私のとっての〝壁〟とは人ではありません。自分自身が満足いくプレーができなければ、それこそが私のなかにある〝壁〟です。誰かを越えなければいけないというよりは、どんな形であれ、まずは試合に出て活躍すること。活躍できなかったら、「ああ、活躍できなかったなぁ」と思うタイプですから、越えるべきは他人ではなく、自分自身なのです。

これまでさまざまな経験を重ねてきて、人と比べても一つも良いことはないなと気づくことができました。

たとえば、高校時代にアンダーカテゴリーの日本代表に選んでいただいたときは、山田がポイントガードで、酒井彩（アイシンウィングス）もいました。東京２０２０オリンピックのときは、町田瑠唯さん（富士通レッドウェーブ）と本橋菜子さん（東京羽田ヴィッキーズ）がいて、選考段階では同世代の安間志織（トヨタ自動車アンテロープス）もいました。そういった実力者たちと比べると、みんなの良いところばかりが目について、つい自分の悪いところばかりを探してしまいます。そうして、どんどん自分の価値を下げていくのです。

そのたびに人と比べても良いことはないと気づき、人と比べる必要はないと思えるようになりました。そういう意味でも選考を含めた「女子日本代表」という経験は、私にとってとても大きな意味を持っています。

自分が満足するかどうかを測るとき、目安にする理想像みたいなものはあります。私の理想の選手像は「毎試合20点も30点も取る選手」です。現実はその理想像とはあまりにかけ離れていることは十分に理解しています。その理想像に苦しめられていた時期もありました。

若いころは「誰が出ても、結局のところガードは宮崎がいいよね」と言われたいと思っていたのです。現実はそれほど甘くはないとわかっていますが、その一方で高校時代はある程度、その世代で注目されてきたという自負はありました。だから、そういう理想を抱いていたのだと思います。でもENEOSに入団して、それが無意味なことだと思うようになったのです。

もちろん、高い理想を掲げてそれに向かって努力するという考え方もあるでしょう。

環境がそれを許さないのであれば、チームを移籍することもできます。どんなに努力をしても理想に達しない自分に見切りをつけて、引退し、セカンドキャリアに進む方法だってあります。

けれど、私はそうしませんでした。実際に、いろいろな人から「そろそろ移籍したら？」と言われたことがあります。でも、誤解を招く表現になるかもしれませんが、プレーしたいと思えるチームがほかになかったのです。

自分のプレーには自信がありますし、移籍をすれば、少なくともＥＮＥＯＳよりはストレスなくプレーできたかもしれません。でも私は「ストレスなくプレーする」ことに魅力を感じなかったのです。日本一のチームであるＥＮＥＯＳを出てまでほかのチームでやりたいという気持ちにはなりませんでした。プレッシャーやストレスはありますが、それさえも成長の糧となるのが、ＥＮＥＯＳというチームの素晴らしさです。

個人的には、ほかのチームに移籍するのは逃げだと思っています。もちろん移籍を否定するものではないし、それで成功してきた選手をたくさん知っています。成功した選手を見ると、心から良かったなと思います。でも、私自身は逃げたくなかったのです。ＥＮＥＯＳで頑張ってきた何年間かがすべて無駄になってしまうのではないかと思ったら、意地でもこのチームに残って、このチームでテッペン（頂点）を獲ってやると思ったのです。

移籍をすれば、自分の理想を達成できるかもしれません。でも移籍のアドバイスを受けたとき、真っ先に心に浮かんだのは、ＥＮＥＯＳで活躍して、優勝に導いて、日本代表に入ることでした。それが私のなりたい姿だったから、移籍という選択肢はまったくなかったのです。

愛嬌たっぷりでも、勝たせるガードに

学生時代、一般的にいわれるような努力をしてこなかったことが、その根底にあるのだと思います。高校までは両親から授かった才能で十分に活躍することができていました。でもＷリーグはそれほど甘い世界ではありません。詳しいことは第4章で書きますが、姉の言葉を受けてＪＸ－ＥＮＥＯＳ入りを決めた以上、このチームから逃げたくなかった。私でもＥＮＥＯＳを優勝させられるのだと、みんなに証明したかったのです。

学生時代は才能だけで活躍できたなんて偉そうなことを書いていますが、ＪＸ－ＥＮＥＯＳに入るまで、私がチームを日本一に導いた経験は一度もありません。ＪＸ－ＥＮ

ＥＯＳに入ってからも、吉田さん、間宮さん、渡嘉敷さんがいて、そんな先輩たちに〝優勝させてもらって〟いました。だからこそ、吉田さんと間宮さんが引退し、渡嘉敷さんがケガをしていたシーズンは心から優勝したかったのです。

そうした強い思いは、ＥＮＥＯＳに入って、吉田さんが持つ「私がチームを勝たせる」といった強いメンタリティーを間近で見ていたことに大きく影響されてのものです。「これが真のリーダーだ」と。

これまでさまざまな選手と間近で接する機会を得てきました。髙田真希さん（デンソーアイリス）、渡嘉敷さん、町田さん。この３人からもたくさんのことを学んできました。ただ私に一番近い気持ちを持っていると思ったのが吉田さんだったのです。

小さいころから目標にしていた選手でしたし、同じチームに入ってからも一ファンとして見る吉田さんの姿が変わらずにありました。本当にかっこよかったです。

何がかっこいいって、不愛想だし、無口なのです。今でこそ変わってきましたが、少し前まで、初めて吉田さんに会う人は「え、何なの、この人？」と思っていたかもしれません。でも吉田さんはけっしてブレないのです。しかも苦しいときに人を助けたり、チームワークやチームの勝利、チームメイトの喜びのためにプレーするというメンタリティーを前面に押し出すのです。

髙田さんや渡嘉敷さん、町田さんもどこかシャイな一面があります。一緒にプレーしているとそう感じます。それを最も強く感じるのが吉田さんです。コート外ではめちゃくちゃシャイなのですが、コートに立つと殺気立つ感じです。「私がチームを勝たせる。ほかのチームのことなんてどうでもいい」というくらい、勝負に徹する強い意志を感じます。そのためには自分が最高のパフォーマンスをしなければと、コートの上ではシャイな一面を完全に閉ざして、最高のプレーをしようとします。そこがかっこいいし、今でもそんな吉田さんに憧れます。

吉田さんに近いのは岡本さんかもしれません。吉田さんの引退後、ENEOSでケガ人が相次いだときにそう感じました。

2021年3月14日に行われたプレーオフ・セミファイナルの第1戦。デンソーと競り合いながら勝った試合です。1点負けている状況で残り5秒。岡本さんがバックシュートを打ったときにファールの笛が鳴りました。フリースローです。そのとき私は「ヨッシャー」と大喜びしていました。岡本さんなら絶対にフリースローを決めてくれる、これで勝てると思ったのです。周りもそうだったと思います。

喜びながら、岡本さんのところに駆け寄ったのですが、当の岡本さんだけは冷静で、まったく笑っていなかった。「まだ試合は終わっていない」というオーラを出していました。そのときに「経験値の高い人というのは、こういう人のことだ」と思いました。最後まで戦うその姿に、久々に、吉田さん以外の人の気合いを見た気がします。「ヤベぇ……。喜んでいる場合じゃない」と強くそう感じました。その一瞬の姿が本当にかっこいいというか、神々しかったのです。

私が特にかっこいいと思っている二人——吉田さんと岡本さん——、普段はそんなに積極的に話すタイプではありません。私とは正反対。だからこそ、かっこいいと思うのかもしれません。普段はあまり話さないのに、試合になったら「私が勝たせる」という気迫を前面に出すので、そのギャップがかっこよく見えるのでしょう。ENEOSで二人に出会えて一緒にプレーできたこともまた、ENEOSを出ていくという選択肢を持たなかったことに通じています。

ただし私は私です。笑顔で周囲に愛嬌を振りまきながら、思ったことを口にしてチームを勝たせるという、吉田さんにも岡本さんにもない選手像を築けたらいいなと思っています。

だからなのか、最近、日本代表の裏側を撮影するYouTube動画『INSIDE AKATSUKI』にも毎回呼ばれます。そこでも愛嬌を振りまいて、ちょっと〝おバカ〟な言動も披露しています。それも私です。多くの人を笑顔にする言動で周囲に笑顔を振りまき、それでいて「ENEOSを、そして女子日本代表を勝たせるポイントガードになりたい」。そんな理想を掲げています。

第 2 章

得意を生かす／伸ばす

走ることは嫌い

私が一番自信を持っているのはスピードです。スピードを生かしたプレーで相手を翻弄していく、それが私のプレースタイルです。

でも、じつは走ること自体は好きではないのです。100メートルまではいいのですが、それ以上になると、なぜ走るのか意味がわかりません。小さいころからずっとそうでした。体育だけではありません。鬼ごっこも嫌いでした。逃げたり、追いかけたりするのに、ときに100メートル以上走らなければいけないからです。短距離は速くて、中長距離になるととたんに遅くなるというわけでもありません。宮崎家は兄妹揃って足は速かったです。ただ私は「走る」という行為そのものが好きではないのです。

当然、ミニバスや中学のときは走るだけの練習もありました。短い距離の練習――たとえば、オールコートのスリーメンなど――はベストを尽くしてめちゃくちゃ頑張るので、長い距離や長い時間を一生懸命に走らなくても、怒られたことはありません。「短い距離は誰よりも頑張って走るのだから、長い距離は許してください」と言葉にした記憶はないのですが、私自身がそういう雰囲気を出していたのかもしれません。

スリーメンなどで頑張るのも1往復までです。2往復、3往復と増えていくにつれて頑張らなくなるし、延々と走らされるような長距離走になったら、「とたんに早織は走らなくなるなぁ」と思われていたみたいです。

そう言いながらも、記録を取ると、結果としていい記録が出ていました。ですから「駅伝大会に出て」とよくお願いされるのです。でも本当に嫌いだったから、「いや、足が痛いんだよね」と嘘をついて、大会には出ませんでした。

何キロも走って息を切らすなんて考えられません。中長距離走が好きだという人もいると思いますが、私はバスケット以外で自分を苦しめたくないのです。その考え方は今もあまり変わっていません。

緩急でスピードを生かす

バスケットボールという競技は、一回のポゼッションでは走る距離が長くないとはいえ、切り返しの動きがあり、しかも瞬発的に力を出さなければなりません。正直に言えばしんどいスポーツです。しかも、私のポジションはボールを素早く運ばなければいけないし、ENEOSや日本代表でも「走る」ことが〝オフェンスの第一歩〟みたいなところがありますから、懸命に走らなければいけないわけです。好きか嫌いかでいえば、けっして好きではありません。

ただ、ENEOSに入団したとき、当時のヘッドコーチだった佐藤清美さんによく言われていたことがあります。

「おまえは100パーセントの力を出さなくても人より速いから、70パーセントでいい」

確かにそうだなと思ったのを覚えています。

「ボールを持っていないときはサイドライン沿いをコーナーまで頑張って走って、ボールを持っているときはハーフラインを越えたところまで、とりあえずスピードで運べばいいから」

その言葉は私のなかで救いでした。

バスケットのコートは縦が28メートルですが、私のポジションは相手コートに近いところで守っていることが多いため、コートの端から端までを走ることは、あまりありません。第1章で書いたとおり、入団当時はほかのチームのガード陣と対等に渡り合うスキルさえ持っていないのに、チーム事情から試合に出させてもらっていました。自分ができる最低限のことといえば、好きではないけれど、短い距離をスピードを生かして走ることくらいです。それだけで使ってもらえて、少しでもチームのためになるのであれば、という思いはありました。

その後――といってもここ数年――の話ですが、一定のバスケットスキルが身についてからも、日本代表の強化合宿で当時のヘッドコーチの恩塚亨さんから同じようなことを言われました。常に全力のスピードで行くのも悪いことではないけれど、ときに80パーセントくらいで走ると、私の持つスピードがより生きるよと。そして残りの20パーセントはスキルなり、判断なりに使ったほうがいいというわけです。

清美さんの言葉とはニュアンスが少し異なりますが、持ち前のスピードをいかに生かすかという意味では共通していて、私のスピードをより生かすことができるきっかけになりました。

タイミングはスピードに勝る

自分のスピードをより生かす、という感覚を持てるようになったのは、ＥＮＥＯＳに入ってからです。高校のときは好きなようにやらせてもらっていました。「サイドライン沿いを頑張って走れ！」と言われたことはありません。それどころか、フルコートを

100パーセントのスピードで走ることもあまりなかったのです。私がスピードを出すのはドライブに行くときくらいです。

それでも今、YouTubeなどで高校時代の映像を見ると、「遅いバスケットをしているなぁ」と思います。よくこんな遅いバスケットで全国大会のベスト4まで勝ち進めたなと思うほどです。三年生のときのウインターカップ・準決勝の桜花学園高校（愛知県）戦も、動きは軽いですが、スピードは遅すぎます。

そう思えるのは、ここ一、二年でスピードの質、より詳しく書けば「一瞬の速さ」が何なのかを教わったからでしょう。女子日本代表の鈴木良和アシスタントコーチ（当時）とワークアウトをするようになって、コートのここからここまでを全力のスピードで走るということより、相手を抜く瞬間の速さを追求するようになりました。良和さんと1対1をしながら、それを習得していくのですが、私とは年齢がひと回り以上違う40代の良和さんに負けるのです。マジで最悪です。

たとえば、良和さんがディフェンスをしてくれて、彼が手を挙げる前にシュートを打つとか、ワンステップでフェイクして良和さんのブロックをかわすとか、そういったドリルをします。でも勝てないのです。判断の良いシュートも打てないし、そもそも彼の手をかわせません。

ここで大切なことは、自分の感覚でシュートを打つのではなく、相手の動きを見て――というよりも、動きを感じて――攻撃を仕掛けることです。そうしているはずなのに、スキができたと思ってシュートを打ってもブロックされてしまいます。あまりにも悔しくて、床にボールを叩きつけてしまうこともありました。

挑戦がスキルを磨く

なぜ20代の私が40代の良和さんに勝てないのでしょうか。それは彼が身体の動きの仕組みをよくわかっていて、そこを突いていることが大きな理由の一つです。たとえば、人間は左に重心をかけた瞬間、すぐには右に動けないものです。彼はそれがわかっているから、私が一方に重心をかけた瞬間に抜きに来るのです。また足が交差した瞬間に逆を突かれると、やはり動けません。「タイミングよく抜く」とはそういうことです。そうした理屈をわかったうえで、適切なスキルを使うからうまいのです。

一方で、私は自分の感覚を頼りに抜こうとします。いや、それさえもわからずに、たとえば右が空いているから右だと直感的に思って抜きに行きます。でもディフェンスにその準備ができていれば、抜けません。ディフェンスの動き出すタイミングで逆を突く、といった視点がないから抜けないのです。スピードだけを頼りに抜こうとしていると、どこかで頭打ちになってしまうわけです。

タイミングよく抜くとはどういうことかを教えてもらってからは、やっと抜けるようになりました。それでも、良和さんとワークアウトをやっていると、彼の両足が揃った瞬間に抜けると頭ではわかっているのに自分の身体が動かないのです。ちょっとでも遅れてスタートすると止められてしまいます。

それをワークアウトで終わらせるのではなく、5対5でもチャレンジしていくようにしていました。

短い距離をただ走るだけのスピードだったら誰にも負けない自信は今もあります。良和さんにも負けません。でもそれだけでは相手を抜けないことが、バスケットボールにはあります。そのメカニズムみたいなものを知ることができるからおもしろいのです。おもしろいけど難しくて、難しいけどおもしろいのです。

実際に自分の映像を見返して、できているシーンもあります。それらをビデオクリップにまとめて、ミーティングのときに良和さんが出してくださる。そうすると私も成長が感じられ、よりおもしろいと感じることができます。

良和さんのコーチングは相手を否定しません。このプレーが良くないぞ、ではなく、「ユラはどうしたかったの？」と聞いてくるのです。そこで私なりの意見を言うと、そうだよね、と理解を示してくれたうえで、「こっちのほうがもっと良いパフォーマンスができたよね」といった感じで言ってくれます。すると「そうか……。そういうやり方もあるんだ」とわかります。伝え方がうまいのです。私も調子に乗りますよね。

調子に乗ってでもやりたいと思えるのは、私自身がもっとうまくなりたいという思いがあるからです。そういった向上心は今もあります。いや、むしろ、この年齢になってより強く持つようになりました。

だって40代の良和さんができて、現役アスリートの私ができないのは悔しいですから。自分にとって有意義なアドバイスを受け入れて、練習すれば必ずうまくいくことを、どうしてしないまま次に行こうとするの？　と思います。私は挑戦したいし、挑戦してうまくいったらめちゃくちゃうれしいし、「良和さん、ありがとう」と思います。そうすると、次にまた違うスキルも教えてもらいたくなります。それが、アシスタントコーチがいる理由の一つでもあるのかなと思うようになりました。

自分がうまくなるためにいろんなことを教えてもらって、私の知らない瞬間をコーチからいただいている。そう思っているからこそ、教えてもらったことをしっかりとコートで表現したくなります。

そのプレーを見て、ほかの選手が「ユラさんのこのプレーをしてみたい」と思ってくれれば、チームとしても成長します。「そうか、良和さんや今野（駿。現三井住友銀行ヘッドコーチおよび元女子日本代表アシスタントコーチ）さんのところに行けば教えてもらえそうだな」と気づきます。そうして実際にうまくなれば、教える側にいる良和さんや今野さんも「より良くしてあげたい」と思って、知識や指導スキルを増やしていきます。ＷｉｎＷｉｎです。今の世代だけでなく未来に向けても、そういった関係性がずっと続いたらいいなと思っています。

ＥＮＥＯＳで日本一になって、日本代表としてアジアや世界で戦うような選手に成長できていると思っても、私の知らない世界はまだまだたくさんあります。その一端に触れると、それをやってみたいという欲求が生まれてくるものです。プレーの幅が広がり、ディフェンスを抜くこともより簡単になります。得意なことを、さまざまな視点からより知っていき、伸ばしていければ、さらにいろいろなことに挑戦できます。そうすると、さらにまた、これまでとは異なるスキルがほしくなります。その繰り返しです。

宮崎ならできる、に全力で応える

私はスタミナがあると思われているようですが、個人的な感覚では、すぐに疲れてしまうタイプです。ただ究極的な場面、たとえば、Wリーグの２０２２‐23シーズンのプレーオフ・ファイナル第３戦のような、オーバータイムが２回続いたり、２回ではなくてもオーバータイムになったときの底力はあるかもしれません。

それは「根性」ゆえです。最近ではあまり良いイメージではないみたいですが、根性はあるほうだと思っています。

もちろん、スタミナがまったくないわけではありません。中学のときによく走らされていた〝貯金〟があるのかもしれません。サボったりもしていましたが、そのころに得た持久力が今も根底にあるのだと思います。

ＥＮＥＯＳに入ってからも、日本代表に選ばれていなかったころは、プレシーズンのサマーキャンプではほとんど交代なしで試合に出ていました。練習試合などではダブルヘッダーが当たり前です。多くの日本代表選手を抱えていたＥＮＥＯＳはチームにほとんど選手がいなくなります。アンダーカテゴリーの日本代表活動もあれば、若手さえいなくなります。だから短い期間に複数の試合をこなし、合計で200分以上出場したこともありました。科学的根拠はありませんが、そのころの〝貯金〟が残っているのかなと思います。

今でこそ「タイムシェア」と呼ばれる起用法が確立されつつあります。主要な選手がほとんどの時間をプレーするのではなく、ヘッドコーチが選手のコートに立つ時間をうまく配分して、チーム全員が常にフレッシュな状態で戦う方法です。

一方で、東京2020オリンピックのトム（・ホーバス）さんがそうだったように、短期間の大会だからこそメインの選手を中心に起用し、ベンチメンバーは短時間、アクセントのように起用するという方法もあります。どちらにするかはヘッドコーチの考え方なので、私たち選手が何かを言えるわけではありません。若いころに私はコートに200分立った経験があるという話です。

どんな起用法であれ、私は求められるとそれに応えようとするタイプです。自分で言うのもおかしいですが、実際にそれに応えられるタイプだとも思います。ヘッドコーチが「宮崎ならできる」という感じで使われることも多いのです。

Wリーグ
2022－23シーズン・プレーオフファイナル、
トヨタ自動車 アンテロープスとの第3戦は、
二度のオーバータイムの末に栄冠をつかんだ。
ここぞ、の場面で見せたプレーは「宮崎ならでは」だった

置かれた場所で自分の力を出し切ること。これはプロとして必要な資質だと思います。先ほども言いましたが、選手起用に関しては私たち選手がコントロールできません。「宮崎ならできるでしょ」と考えて出されているのは、何かしらの信頼があったり、私なら状況を打破してくれる、コーチがイメージしている展開に持ち込んでくれるという期待を持たれているからです。私はその期待を裏切りたくありません。「宮崎ならできる」と思って出してくれているのであれば、私自身も「できる」と思ってプレーするだけです。

ご存知の通り、ENEOSサンフラワーズというチームは、バスケット界はおろか日本のスポーツ界でもほかに類を見ないリーグ11連覇を達成したチームです。「女王」と呼ばれることもあります。そのチームで、たとえ1、2分であっても試合に出られるのは、どれほどすごいことでしょう。

かつては、チームの中心選手がイコール日本代表の中心選手だった時代もあります。そんな選手たちがいるなかで、私のプレータイムはごくわずかしかありません。そのわずかな時間でチャンスをつかむことが一番大事だと思っていました。たとえ点差が離れすぎていて、相手チームが戦意を喪失していようとも、コーチが「宮崎の成長のためになる」と思ってくれることが私にとってはチャンスです。だからこそ絶対に結果を残したい。それはＥＮＥＯＳというチームに入ったからこそ培われてきたメンタリティーだと思います。

自分の身体は自分が誰よりもわかっている

もう一つ、私の〝武器〟と言えるのは、大きなケガを一度もしたことがないことです。もしかすると、この数日後、あるいは数カ月後に大きなケガをするかもしれません。正直に言ってケガは怖いです。しかし、少なくともＥＮＥＯＳに入ってから10年間、戦列から長期間離れるような大きなケガはしていません。

なぜかといえば、自分の身体は自分が一番わかっているからです。

練習中も試合中も自分の身体が「無理だ」と声をあげるようなことはしません。たとえばチーム練習でも、ルーズボールになれば頑張って追いかけますが、必要以上に無理をしすぎることはありません。

みんなが自主練習をしていても、身体が無理だと言えば休みます。自主練習は大事ですが、身体が疲れているときは絶対にしません。さっさと帰ります。常に自分の身体ときちんと話し合いながらバスケットをしています。

トレーナーさんらによるケアもあまり好きではありません。練習や試合の後に時間をかけてマッサージを受けるなどのケアはほとんどしていません。

ただし、エクササイズはします。それも自分に合うエクササイズを探して、トレーナーさんに教えてもらっています。

自分の身体と対話しながら「やらない」選択をするのには理由があります。身体が疲れているとわかっているときに、無理にエクササイズやトレーニング、ストレッチをやっても身にならないからです。ほかの誰がやっていようとも気にせず、すぐに帰るし、そういうところで自分を責めるようなこともしません。

東京2020オリンピックをきっかけに、その後も日本代表に選んでいただいています。そうすると、一年間で休める時間がほとんどなくなります。秋から春までWリーグがあって、それが終われば日本代表活動があります。日本代表の活動期間中も、Wリーグの次のシーズンに向けたチーム練習が始まります。代表活動が休みの日に、チームに戻って練習をすることもあります。また、Wリーグの期間中にもタイトルのかかった皇后杯や、最近は日本代表活動も入るようになりました。休んだと思えるほどの休みはほぼないに等しいのです。

そうするとなおのこと、自分とゆっくり向き合う時間が少なくなるし、リフレッシュする時間も少なくなります。だからこそ、普段の生活のなかで、バスケットと離れる時間をなるべくつくるようにしているのです。毎日頑張ってトレーニングをする人はすごいと思います。ただ私はそういう選手を見ると、自分の身体と話し合っているのかなと、心配になることがあります。

実際、東京２０２０オリンピックから休みなくバスケットをしてきて、疲れを感じたり、体調を崩すこともありました。そのときはチームにお願いして、午前か午後のどちらかの練習で練習量を調整してもらったことはあります。

それはサボりたいとか、やる気がしないからではありません。みなさんがイメージする私っぽく言うと、「えー、めんどくさいじゃーん」みたいな理由ではないのです。あくまで自分の身体を大切にしているからです。プロスポーツ選手に限ったことではありませんが、プロスポーツ選手は身体が資本です。ですから、プロスポーツ選手としての私なりの自覚でもあります。

正直に言えば「今日はやる気がしないな」と思う日がないわけではありません。そんな理由で調整してもらったこともあります。ただ、その翌日には必ずエクササイズを入れて、自分の身体を取り戻す作業をしています。それくらい自分の身体との対話を大切にしているのです。

自分の身体との対話だなんて大げさな表現かもしれませんが、特別なことをしているわけではありません。本当に些細な身体との対話です。朝起きて「ああ、何か左肩が痛いな……。エクササイズしよう」と思ってエクササイズをする。それでも改善が見られなければ、その日は身体が動きたくないということだから、「今日の午前練習は調整させてもらおう」という感じです。

自分でほぐしきれないところに違和感を持ったら、そのときはトレーナーさんに「ここをマッサージしてください」とお願いすることもあります。

試合中のアクシデントで痛みを感じたら、トレーナーさんがコートに入ってくる前に、コートにバーンと寝ます。寝転びながら、自分の身体と話をするわけです。感覚的にすぐ起き上がれそうだと思ったらプレーを続行するし、ちょっと無理だな——身体が起き上がれそうにないな——となったら、すぐにコートの外に出るようにしています。つまりは自分の感覚を大事にしているのです。やはり自分の身体ですから、自分が一番にその〝声〟を聞けるし、身体が休みたいと言っているのであれば、ためらうことなく休むべきだと思っています。

みんなの知らない宮崎早織

学生のころもケガらしいケガをした記憶はありません。高校二年生のときに疲労骨折をしたことはありますが、当時は体重も軽かったせいか、その後のバスケット人生に大きく響くようなものではありませんでした。しかも病院に行ったときにはすでに治りかけていたのです。初めは激痛でしたが、それこそ当時はまだ身体の声がしっかり聞こえておらず、若気の至りもあって「まだいけるでしょ」と勝手に思い込み、プレーを続けていました。その後、痛みが長引くから仕方なく病院へ行ったら疲労骨折していて、しかも治りかけていたという……。今となっては笑い話です。

大きなケガをしないのは、身体との対話以外にもう一つ理由があると思っています。ENEOSに入ってから、Wリーグの開幕前や日本代表の合宿が始まる前などは実家へ帰って、祖父と祖母のお墓に行って「ケガをしないように見守っていてね」と手を合わせていることです。これは入団以来ずっと続けています。

ここでいう「祖母」は母方の祖母です。父方の祖母は97歳になった今も元気に動き回っています。その祖母の血も私が元気でいられる要因かもしれません。

お墓参りについては、両親を含めて誰かに言われたわけではありません。自分で「行きたいな」と思って始めたことです。お墓をきれいにして、お花を供えてお線香をあげています。どうしても忙しくて行けないときは、家にある仏壇で済ませることもありますし、開幕戦の後になることもあります。そこは無理なく自分のペースで行いますが、それがケガをしない一番の理由かもしれません。

これまでにも、テレビや新聞、雑誌、ネット媒体に至るまで、何度か取材を受けることがありました。さまざまなところで話をさせてもらいましたが、この話はあまりしたことがないと思います。私が家族のことを思い、お墓参りをしていることを知る人は多くありません。

私には何でも明るく話すイメージがあるからか、またあっけらかんとして爆笑しながら話してしまうからか、世間で炎上の的になることが多いのです。プロとしては気をつけなければいけないことですが、「宮崎はただ好き勝手に喋って、自分が好きなことだけをやっている」と思われがちです。

多くの友人や、２０２３年9月のアジア競技大会で韓国代表を引退したキム・ダンビさんのようなオンニ（女性から見た年上の女性の友人）からも、「早織はバスケットを趣味でやっているからね。仕事としてやってないでしょ？　趣味でしょ？」と言われることがあります。

私は仕事としてやっているつもりですが、一方で、周囲の人たちから「趣味だ」と思われることは、うれしいことだとも思うのです。私がバスケットを楽しんでプレーしている証拠でもあるからです。私の抱く「スポーツは楽しむもの」という価値観からすれば、うれしい評価です。

バスケットをプレーするうえで私がファンの方々に見てもらいたいのは、そうした部分です。欠かさずお墓参りをしたり、コート内外でもがき苦しんでいるところは見てもらわなくていいところなのです。自分の苦痛にゆがんだ表情を見るのは、私自身と、私の生活圏内で半径1メートル以内にいる人たちだけで十分です。ファンのみなさんには、アンチの方も含めて、私が楽しんでバスケットをプレーしているとわかってもらえれば、それだけでうれしいのです。それでみなさんもハッピーになれると思うから。

ENEOSをはじめWリーグ全体を見ても、私ほどアンチのいる選手はほかにいないのではないでしょうか。「何で私にはこんなにアンチのファンがいるの?」と思うほどです。正直なところ、悔しく思うこともありますが、それだけみなさんが注目してくださっているのだなと考えています。

ただし、「宮崎は好き勝手にやっているな。何なんだよ、あいつ」とネガティブな目で私を見ている人は、まだまだ宮崎早織をわかっていないなと思います。でも、そういう意見も嫌いではないのです。「この人は私のことをわかっていないなぁ……。私の思いがあの人には届いていないんだなぁ」と思って、それが逆に私のモチベーションにもなります。宮崎早織の生き方を貫きながら、いつかわかってもらえたらうれしいな。

第3章

苦手克服 逆境を楽しむ

苦手なことは、争うこと

私は、争うことがあまり好きではありません。多くのアスリートと同じように負けず嫌いなのですが、できれば平和に、みんなと楽しく笑い合っていたいのです。

とはいえ、バスケットボールという勝敗を争うスポーツの世界で生きている以上、そうは言っていられません。どんな試合においても戦う気持ちを高めていくわけですが、その作業は苦手です。

いわゆる〝スイッチ〟が入ってしまえば大丈夫です。そのスイッチが入るまでの持って行き方が個人的には難しいと感じています。戦う以上は勝ちにこだわりますが、同時に「負けたらどうしよう」という不安が襲ってきます。そう考えると、勝ち負けというのがすごく嫌だなと思うほどです。

2023年8月下旬から9月上旬にかけて、男子バスケットボールのワールドカップが行われていました。多くの人が「日本の男子バスケットはすごい」「史上最強のメンバーだ」などと言っていましたが、私はどうしても試合に出られなかったメンバーの気持ちを考えてしまいます。

盛り上がること自体は日本のバスケット界にとっても、スポーツ界にとっても素晴らしいことです。しかし、その陰で苦しみを感じている人がいます。私にはその気持ちが痛いほどわかるのです。彼らはその舞台にたどり着くまで、けっして順調に進んできたわけではありません。選考に関わる大きな勝負どころを乗り越えたり、選考には直接関係なくても日々のなかで些細な勝ち負けを経験するなど、誰もが紆余曲折を経ながら何とかたどり着いた舞台です。それでも力を発揮するどころか、コートに立てないことのほうが多い選手もいます。

トム（・ホーバス、男子日本代表ヘッドコーチ）さんの采配に注文をつけるわけではありません。48年ぶりに男子日本代表がオリンピック自力出場という結果を残したのですから、さすがはトムさんだなと思います。一方で、対戦相手だけでなくチーム内の競争があって、それは大会期間中も続くため、心のどこかで息苦しさを感じる選手もいるはずです。華やかな結果の裏側で、苦しんでいる人や悔しい思いをしている人がいます。それを思うと、スポーツはつくづく残酷だなと思うのです。東京２０２０オリンピックのときの私がそうでした。

そう考えることもまた、普段の私が言葉にして発することのない私の一面です。

誰だって自分が活躍できたときはうれしいものです。私だってそうです。しかし、その裏にはベンチで出番を待ちながら声を出し続けている選手がいます。いくら優勝しても全員が心から——本心から——喜ぶ気持ちにはなれないのではないかと思うことさえあります。

それはまたスポーツ選手として成長できる部分でもありますし、スポーツ選手としてはそうした場面でさえ勝ちにこだわらなければいけないことも理解しています。シーズンに入れば、毎週の勝ち負けにこだわりながら、半年間生きていかなければいけません。頭では理解して、割り切ったうえでそうした生き方を続けていますが、心のどこかで「何年やっても苦手だな。難しいな」と思う自分もいます。

そんなときに私の力になるのが、じつは「アンチ宮崎」のファンの方々です。「宮崎より山本（麻衣）がいい」「宮崎より町田（瑠唯）でしょ」と、ＳＮＳなどでそう言っている方々を「絶対に見返してやる。私には私の良さがあるんだから」と思い始めると、どんどんスイッチが入ってくるのです。

実際にコートで戦っているときにも、勝ち負けが怖くなることがあります。そんなときに考えるのは「この結果で生きるか死ぬか」といった究極の問いです。試合に負けたくらいで死ぬことはありません。宮崎早織としては、文字通り死ぬまで生きていられます。そう考えると「別に負けたからって死ぬわけじゃないし、さぁ、やるか」とスイッチが入って、コートでの集中力も高まっていきます。

歴史と伝統を背負って

もう一つ、私にスイッチを入れてくれるものがあります。ＥＮＥＯＳサンフラワーズが紡いできた歴史です。Wリーグを11連覇し、皇后杯も10連覇を達成しています。そのチームのポイントガードは、吉田亜沙美さんや藤岡麻菜美さんが務めてきました。それ以前を紐解いても、２０２３年からWリーグの会長に就任した原田裕花さんや、明星学園高校（東京都）女子バスケットボール部のコーチを務める楠田香穂里さん、私たちのライバルの一つであるトヨタ自動車アンテロープスを指揮する大神雄子さんなど、錚々たるメンバーが務めています。そんな伝統あるチームだからこそ、私自身もそれを背負っていかなければいけないという自覚はあります。

むしろ、そうした歴史や伝統のなかで競争しようというチームでなければ、私は頑張れなかったかもしれません。

自分の実力不足を何度となく痛感させられながら、それでも頑張れたのはENEOSサンフラワーズというチームだったからです。周囲の人からは、「移籍したら、もっと試合に出られるんじゃない？」と言われたこともあります。でも移籍をして、すぐに試合に出る、スタメンになるという形になっていたら、今ほど頑張れていたかどうか……。改めてENEOSというチームに感謝をしなければいけないし、その歴史と伝統を築いてきてくれた先輩たちにも感謝しなければいけないと思っています。

呼吸のエクササイズで整える

基本的に争うことが好きではないと聞けば、試合に向けて何かしらのルーティンで気持ちを落ち着かせているのでは？　と思われるかもしれません。特別なことは何もしていません。いつも通り自分の身体と向き合って、強いて言えば「呼吸のエクササイズ」をするくらいです。

その方法は、日本代表のスポーツパフォーマンスコーチである佐藤晃一さんたちに教わりました。その日の自分の身体と話し合って、今日はこれくらいでいいかな、今日はもう少しやっておこうと決めて、最後に呼吸を整えたら終わりというものです。

この呼吸のエクササイズが、私にはしっくりきています。仰向けに寝た状態で腹式呼吸をしながら、肋骨を身体の内側に織り込んでいくエクササイズです。それだけではないですが、そうした呼吸のエクササイズをするだけでも肩の力がいい具合に緩んでいって、体幹に力が入ります。そのエクササイズだけで試合前の個人的なウォーミングアップを終えることもあります。

呼吸をしながら身体をほぐすといえばストレッチを思い起こすかもしれませんが、ストレッチとは違います。私はストレッチをほとんどしません。そもそも私は身体がめちゃくちゃ硬く、柔軟性がありません。ですから筋肉も硬くなってしまいます。そんな人がストレッチをしなきゃと思うと、必要以上に頑張って筋肉を伸ばそうとするため、逆に全身に力が入ってしまうそうです。筋肉をほぐそうと思って行うストレッチが、結果的に筋肉に力を入れてしまうのでは本末転倒です。私に合うのはストレッチではなく、全身を緩める呼吸のエクササイズだと思っています。

呼吸のエクササイズのなかにも、太ももを動かすエクササイズや、普段使えていない股関節の可動域を拡げるというものもあります。それらを行うと、めちゃくちゃ突っ張っていた筋肉が緩んでいくのを感じます。ストレッチだと筋肉が伸びるイメージですが、わずかな時間だけ、表面的に伸びている感覚でしかありません。でも実際に伸ばしたいと思うのは、身体のゆがみや強張りが原因だったりします。もちろん、それだけではありませんが、呼吸のエクササイズでその原因を解放してあげるだけでも身体がリラックスしていくのです。リラックスすることは緊張が解けていくことだから、疲労回復にもつながります。

私のように「どうもストレッチが性に合わない」という人もいるでしょう。そんなときに呼吸のエクササイズがあることを知っておくといいと思います。SNSなどで紹介されているものもあります。ストレッチも大事ですが、呼吸で身体をほぐすこともそれと同じかそれ以上の効果があって、少なくとも私は大事にしています。

自分に合ったものを自ら選ぶ

とはいえ、私はバスケットボール選手です。呼吸法の達人ではありませんし、それを目指しているわけでもありません。バスケットで良いパフォーマンスをすることが仕事です。試合には勝つこともあれば負けることもあります。その過程でいかに安定的なパフォーマンスを発揮するか、それが一番問われることだと思っています。

試合前に必ず取り組むのは、
仰向けに寝た状態で腹式呼吸をしながら、
肋骨を身体の内側に織り込んでいく呼吸のエクササイズだ

バスケット選手が、バスケットコートの上でパフォーマンスがしやすい状態になるのであれば、身体を緩める手段や内容は何でもいいと思います。ストレッチが合う人もいれば、私のように呼吸のエクササイズが合うという人もいるでしょう。大切なのは誰かに強制的にやらされるのではなく、自分が楽しいと感じて、自分の身体についてより理解を深めていくことだと思います。私自身、そうして自分の身体のことを知っていくことが好きなのかもしれません。興味の矛先が自然とそこに向いていくのです。

太ももの前を伸ばす、あるいは緩める行為だけでも何十通りもあるそうです。太ももの外側が張っているからストレッチしようと思っても全然伸びた感じがしない、そう感じたことのある人は少なくないと思います。私もそれに似た経験があります。身体の表面ではなく奥のほうがしんどいとき、晃一さんに聞くと「ボールをここに置いて呼吸をしたら伸びるよ」教えてもらいました。実際にやってみたら、「うわ、すごっ！　緩んだ」と。そうすると、「何これ……。おもしろい」と感じて、主体的に続けようと思うものです。

そのためには、単純に「太ももが張っているなぁ」でもいいけど、太もものどこが張っているのか、表面なのか奥のほうなのか、内側か外側か、そうしたことを感じ取れるよう、自分の身体としっかり対話することが大切です。

太ももが痛いときに、痛いところをほぐすよりも足のつけ根をほぐしたほうが太ももの痛みがとれることがあります。痛いところではなく、違うところをほぐすと痛みが引くことが実際にあるわけです。

晃一さんに「何でここをほぐすと痛みがなくなるの？」「ここをほぐすと可動域が拡くなるんだけど、どうして？」などと聞くと、「そこをほぐすと、こうだからここが緩くなるんだよ」と教えてもらえます。身体の神秘を知って、またワクワクするわけです。

晃一さんだけでなく、男子日本代表のスポーツパフォーマンスコーチをしている緒方博紀さんにも、「ここが痛いんだけど何かいいエクササイズを教えて」とお願いすると、「じゃあ、これをやろう」と教えてくれます。緒方さんは褒め上手だから、私もどんどんやる気になります。

もしかすると、そこまで自分の身体に向き合うバスケット選手は多くないので、グイグイくる私をかわいがってくれるのかもしれません。バスケット選手は、どうしてもバスケットのスキルだけに目が向きがちです。私もスキルアップは目指していますが、アスリートは身体が資本ですし、その神秘のほうがおもしろいのです。だから今はそちらに目を向けています。

ありがたいのは、私が知りたいと思うときにはしっかり教えてくれるのですが、トレーナー陣からは強要してこないところです。身体をほぐすことも、「今日は何か疲れているから、やる気がしないんだよね」と言えば、「そう。じゃあ、やらなくていいよ」と優しく言ってくれます。呆れて突き放すような言い方ではないし、「何言っているの？やるって言ったのはユラでしょ？　いいからやるよ」といった感じにはならないので、気楽に取り組めて、それがまた私にとっては心地良いのです。

ハードな試合の後でみんながストレッチをしていても、私が「やらない。ボールを使って呼吸する」と言うと、彼らも「ＯＫ、それでいいよ」と言ってくれます。だから、私だけ違うメニューをしていることもあります。

自分で言うのはおかしいかもしれませんが、甘やかしとは少し違うような気がしています。大切なのは、連日バスケットをする身体を動きやすくすること、疲労を残さないようにほぐすことです。ストレッチをする行為が目的ではありません。しっかりと身体をほぐして、その日の、もしくは翌日のプレーに支障がなければ問題ないということです。

女子日本代表のアスレティックトレーナーだった岩松真理恵さんも選手一人ひとりの本質を見抜く力がある方でした。「この子は、今日は疲れているから話しかけないほうがいいな」「メンタルが落ちているから話したほうがいいな」といった具合に、一人ひとりを見てくださいます。晃一さん、緒方さん、真理恵さん、彼らは身体のプロです。彼らにとっては当たり前のことかもしれませんが、私は素直にすごいなと感心しています。そうした人たちと接することができるのは選手としてもうれしいし、彼らも私たちがバスケットをプレーしやすい環境をつくってくれています。

頭を使うバスケットに触れて

争うこと以外にも苦手なものがあります。その一つが勉強です。

ただ多くのスポーツは「バカではできない」といわれます。チームの戦略・戦術やマッチアップする選手の特徴を頭に入れ、場合によってはそれらの裏を突いたり、裏を突かれたときの対応を瞬時に判断しなければいけません。スポーツ選手は単に身体を動かすだけで務まるものではないことは、バスケットだけでなく、ほかのスポーツを見ていてもわかることです。

セットプレーを覚えることは脳を使うことなので、勉強の苦手な私には難しいと思われるかもしれません。でも大丈夫なのです。身体で覚えるからです。試合中にいきなり、やったことのない動きを示されて「この動きをやって」と言われたら、「何だよ、それ」と思うことはありますが、困った記憶はありません。

東京2020オリンピックのとき、トムさんのバスケットはセットプレーが100も200もあるといわれました。それらも練習を重ねて身体で覚えることで、大きな問題はありませんでした。

パリ2024オリンピックで女子日本代表ヘッドコーチだった恩塚さんは、セットプレーの数は多くありません。恩塚さんは、「原則」と呼ばれる、チームで共有する場面ごとの最適解に基づきながら、コート上の5人が状況に応じた対応を素早く行うバスケットスタイルを掲げていました。「アジリティ」といった言葉も使われます。アジリティには「俊敏性」という意味があり、一般には動きの俊敏性を指すことが多いのですが、私たちが掲げるそれには、動きの変化に対応する頭の素早い回転とその正確さが含まれています。状況に応じた判断をするという面ではすごく頭を使うのですが、これまでにあまり経験したことがないバスケットで、こういった考え方もあるのかと刺激を受け、すごく楽しかったです。

ただし、それをコート上で表現することは簡単ではありません。覚えられないというよりも、本質をきちんと理解できていないと、刻々と変化する状況にその都度素早く対応できません。それができなければ、恩塚さんの目指す女子日本代表のバスケットは表現できないのです。

トムさんのバスケットは、覚えることはたくさんありましたがシンプルでした。決まりごとがはっきりしていて、たとえばシュートを打つことが役割の選手は選択するプレーの8、9割がシュートでした。

恩塚さんのバスケットは、覚えなければいけないプレッシャーこそありませんが、ディフェンスに止められたときは「こう動くよね？」と、チーム内で共有する原則に従いながら、状況が変われば瞬時にそれに対応しなければいけません。ボールマンがディフェンスの変化に応じて判断を変えれば、ほかの4人も瞬時にそれに応じた動きを的確に行わなければいけないのです。

シューターがシュートを打つときも同じです。打てるかもしれない、でもクローズアウトと呼ばれるディフェンスの飛び出し具合を考えれば、ドライブに切り替えたほうが

「より確実に得点に結びつくよね？　ならば、そっちを判断したほうが生産的だよね？」といった感じです。役割がないわけではありませんが、瞬時に判断することが多いから、普段から感覚でプレーしている選手にとっては、理解して実践できるようになるまでに時間がかかります。

ですから、私にとっては難しく、判断してプレーを選択した後に「ああ、こっちだったわ」と思うことはたくさんあります。恩塚さんにも「今のプレーはこういう選択をしたけど、大丈夫そう？」と聞かれることが多々あります。プレーしているのはあくまでも私たちだし、恩塚さんもそれを尊重してくださるので、指摘を受け取りながら、次のプレーで選択が難しいと感じたらスクリーンを呼ぶなど、うまく対応するように心掛けていました。

主体的に学ぶことの大切さ

苦手なものはほかにもあります。黙々と走る中長距離走が嫌いな私は、当然と言ってはいけないのですが、トレーニングも嫌いです。特に苦手なのはバイクやトレッドミルです。それらに乗って数値を図るトレーニングは今も苦手です。

ウエイトトレーニングも好きではありません。これまで大きなケガはない私ですが、筋肉系の細かなケガは何度か経験しています。肉離れや血が溜まって固くなってしまうケガなどです。

そうしたケガを引き起こす原因の一つが、筋量の不足だそうです。筋量が少なければ少ないなりに、走るフォームなどを確認しながら改善していけばいいのですが、そうしたトレーニングが苦手なのです。

でも日本代表に選んでいただけるようになってからは、スポーツパフォーマンスコーチの晃一さんや松野慶之さんたちが細かく教えてくれるので、今ではかなり改善されてきました。デッドリフトと呼ばれる股関節の動きをスムーズにするエクササイズも、当初は40キロくらいしか挙げられませんでしたが、マックスで80キロくらいまで挙げられるようになりました。

自分自身でも変化とわかる成長を感じられるのは素直にうれしいものです。彼らと出会ったことで、大きなケガをすることがさらに少なくなるだろうという安心感もあります。

彼らが示すエクササイズやトレーニングをしたり、彼らと身体について話すようになってから、自分でも「そうそう。そういうことが知りたかったんだよね」と思うことが増えてきて、よりいろいろなことを聞きたくなっています。自分から聞いて実践すればより理解が深まり、同時により動きやすい身体もできてきて、結果としてバスケットのパフォーマンスアップにもつながっているように思います。

決められた勉強は苦手ですが、自分が興味のあることであれば、学ぶことも楽しいと思えるのです。

私は、占い師で元お笑い芸人の作家、ゲッターズ飯田さんの本をよく読みます。そのなかに「出会いは常に己に見合っている」という言葉がありました。そう考えると、私は行いが良いのかもしれません。出会いに恵まれていると思うので。

自分の時間は大切にしたい

私は何事もちゃっちゃっとやってしまいたいタイプです。だから、じっくり時間をかけて行うトレーニングは苦手なのかもしれません。いわゆる、せっかちなのでしょう。

呼吸のエクササイズも練習や試合の1時間前にちょっとやって、ほぐれたなと思ったらコートに行きます。練習や試合の後は5分、長くても10分くらいのエクササイズをする程度です。

なぜかといえば、自分の時間がほしいからです。それくらい自分の時間は大切にしています。

自分の時間で何をするかといえば、たとえばストレスがすごく溜まっているときには好きな人――主に友人や先輩――に会うようにしています。それもチームに直接関わらない人と会う時間を増やしています。ストレスを飛び越えて、もはや疲れきっているときには〝無〟の時間をつくるために、一人でサウナに行くこともあります。

部屋で過ごすという方法もありますが、部屋にいると、簡単には〝無〟の時間をつくれません。目に入るものが何かしら気になってつい片づけを始め、必要以上に動いてしまうからです。動かなくていいようにと思ってサウナに行くのですが、頭に浮かんでくるのはバスケットのことばかり。そんなときは素直に受け入れながら、汗と一緒にそれが静かに流れていくのを待ちます。同じような理由で温泉に行くこともあります。

以前は、仲良くしてもらっている寺田弥生子さんやバランスキー（旧姓・石原）愛子さんなど、いろんなことを話せる先輩が近くにいました。でも今はそこまで親しいチームメイトがいません。いや、「いない」というと語弊がありますが、プレー面で私がいくらかの助けになれればと思っている先輩と、後はみんな後輩です。どちらも私が話すことで気を遣わせてしまうことになるため、誰とも接触せずに自分を整える時間が必要だなと考えるようになりました。そういう意味では、若いころとは時間の使い方が大きく変わったかもしれません。

〝無〟になる時間をつくったからといって、数時間でスッキリするわけではありません。ただじっくり〝無〟になろうとすることで、なぜイライラしているのか、なぜ疲れているのかが客観的に見えてきます。サウナや温泉で心身をスッキリさせるというよりも、何が良くて何がダメなのか、頭のなかを整理する感じです。そうすれば誰かに対してイライラしていたとしても、翌日に引きずることはありません。

気を遣われるのは嫌い

バスケットとプライベートは完全に分けたいと考えています。だから練習や試合を離れたら、ほとんど話さない人もいます。こう見えて、人見知りの一面があるのです。特に後輩と話すのは苦手です。バスケットのことを尋ねられたら答えますが、それ以外のことで後輩たちと積極的に話すことはありません。

嫌いなわけではありません。話したいと思うこともあるし、向こうから話しかけてくれば、その子とのおしゃべりを心から楽しみます。ただ、後輩たちに気を遣わせてまでおしゃべりをするのは申し訳ないなと思ってしまうのです。だから積極的に話しかけることはしません。

だからでしょう。後輩たちにはよく「怖い」と言われます。先輩とはめちゃくちゃ話しているのに後輩とは全然話さないから、「嫌われている」とか「ユラさん、怖い」と思われているみたいです。藤本愛瑚には、「ユラさんは、関係づくりのスタートがすごく低いところから始まっているから、評価が上がる一方だよ」と言われたことがあります。笑いながら「うるせぇよ」と言い返しましたが、それくらい後輩たちとは話さないのです。藤本のように、何年もつきあっていくうちに私の本質をわかってくれる後輩は普通に話しかけてくれます。そうならないうちは藤本でも怖かったそうです。星杏璃や三田七南、花島百香からも同じように言われたことがあります。

ENEOSに入団してからずっと、私が〝下級生〟だったことも大きいと思います。4年目に梅沢カディシャ樹奈が、5年目に藤本が入ってくるのですが、どちらも一人でした。だから私はずっと下っ端のままで、樹奈と藤本と一緒にコートのモップ掛けや下級生の仕事をしなければいけませんでした。そうすると彼女たちとはどうしても話さなければいけません。6年目にようやく星たち3人が高卒で入ってきて、そうした仕事を受け渡してからは、コートでしか関わることがなくなっていきました。

さらに日本代表に選んでいただけるようになってからは、Wリーグの開幕1週間前に代表合宿から帰ってくることも多くなっています。だから余計に話す機会がありません。三田が入団した2022－23シーズンは彼女とはほとんど話さず、2023－24シーズンになってようやく話すようになったほどです。花島も同じです。後輩たちは「ユラさんはもっと話しやすい人だと思っていたけど、じつは怖いかも」と思うから、関係性を築くのに時間がかかるのです。

これからENEOSに入ってくる子には本書を通じて伝えておきます。宮崎はめちゃくちゃしゃべるキャラだと思って入ってこられるとギャップに苦しむし、最初は怖いと思います。ただ最初の評価が低いから、どんどん上がっていくとは思いますけどね。

良い人間関係を築くカギは素直さ

ここまでを読むと、もしかして宮崎は自分勝手なヤツなんじゃないか、コーチの言うことも聞かないし、後輩の面倒も見ないと、そう思われるかもしれません。そんなことはありません。とりわけ入団してきた18歳のときは何事においても未熟でしたから、当然、コーチからのアドバイスもしっかり聞いていました。

シュートについては、当時のヘッドコーチだった佐藤清美さんが教えるのがすごく上手で私の感覚にもすごく合っていたため、その指導をスッと受け入れていました。シュートフォームに関しては、今なお清美さんに教えてもらったことをベースにして打ち続けています。

コーチもそうだと思いますが、私自身もより良いパフォーマンスを追求したいという思いから、シーズンごとにスキルの改良を重ねていきます。ただコーチからいろいろな指導を受けていれば、なかには感覚的に合わないものもあります。説明を受けているときにこれは無理そうだなと感じるのです。そういうときはまずはやってみて、そのうえでやはり無理だと思ったら一切やりません。コーチにもそれを伝えます。実際にやってみれば、本当に合うか合わないかはすぐにわかるものです。

清美さんから「こうしたらいいんじゃない?」と言われたときも、何本か打ってみて「どうだ?」と聞かれるから「打ちにくいです」とはっきり言いました。清美さんも深追いはせず、「そうか。じゃあこっちはどう？　ユラの打ちやすいほうでいいよ」と言ってくださいました。もちろん、めちゃくちゃ打ちにくいものを教えてもらったことは一度もありません。だから私のシュートフォームが崩れてきたときは、「ユラ、ちゃんとここまで手を持ってきて」と伝えてくれます。わかってくれているのです。

それでも身体の動きがスムーズにできないなら、「ちょっとその動きには持っていきにくいんですけど」と素直に言うようにしています。そうすると「じゃあ、こういう動きにしてみたらいいんじゃない？」と受け入れて微調整してくれます。

一方的に教える、あるいは教えてもらうのではなく、土台から最終形に至るまでの過程をコーチと選手とで共有できる関係性が、私にはすごく良かったのだと思います。そのためのカギは、素直に聞いて、素直にやってみて、素直に感じたことを伝えることです。そうすることで清美さんと良い関係性を築けたし、選手としてもスキルアップしていったと思っています。

お互いが言い合える関係性

清美さんの指導が私の感覚に合うと書きましたが、ここで言う「感覚が合う」とは、聞いた言葉が〝スーン〟と自分のなかに腹落ちするイメージです。「いや、ちょっと違うんだよなぁ」がないから、まずはやってみようと思えるのです。私が知らない、もしくは考えたことのないことでも、スーンと入ってくれば私はやってみます。

それ以前に、清美さんは教えることが上手なのだと思います。

コーチには、「シュートの打ち方はこうだから、まずはこうやって！」というように理論から教えるタイプと、選手自身に合うやり方を見つけてそれを伝えてくれるタイプと、2つのタイプのコーチがいます。清美さんは明らかに後者で、私に合うように、私の基本的なシュートフォームを変えずに、より打ちやすくて確率の上がるフォームを教えてくれました。だから私はすごくやりやすかったです。

それでもシュートが入らないときはあります。そのときも「フォームを崩さないことが大事だよ」と教えてくれ、実際に試合でシュートが入らないことにはほとんど何も言われませんでした。フォームが崩れたときだけ、それを伝えてくれるのです。

自分のことをあまり否定されないのが、私がやりやすいと感じる理由かもしれません。「そうじゃない」と言われるより、「この打ち方で打ってみて。どうだった？」と導きながら、私の感覚や意見を尊重してくださるわけです。それが私の成長に大きな影響を与えていたのだと思います。

そう考えてみると、吉田さんや寺田さん、清美さん、女子日本代表のコーチだった鈴木良和さん、晃一さんなど、身近で接してくれている人は「ユラはどう思ったの?」と、私の意見をきちんと聞いてくれる人たちです。私自身、自分の考えをはっきりと言葉にしたいタイプなので、聞いてくれると思えば話しやすくもなります。

自主練習は楽しみながら

得意でないものの一つに自主練習があります。私は自主練習をけっして一生懸命にはしません。まったくしないのではなく、一人で黙々と一心不乱にはしないという意味です。

その分、チーム練習では誰よりも一生懸命にプレーします。ルーズボールは真剣に追いかけるし、ディフェンスでは身体を張ります。私のなかで「一生懸命な自主練習」は性に合わないのです。自主練習は、楽しみながらしています。

若いころは、飽き性だからか「一人でやっても集中が長く保てないな」と思って、宮澤夕貴さんと同期の西山詩乃が一緒にやっていたシューティングに入れてもらったこともあります。やらざるを得ない状況をつくったわけです。仲の良い人たちと一緒にやれば、みんなが頑張っているから自分も頑張ろうと思えるはずだと思ったのです。私自身はありませんが、図書館に行くとほかの人が勉強している姿を見て、自分も勉強しようと思えるそうです。それに似た感じでしょうか。

もちろん自主練習に一生懸命取り組む選手がダメというわけではないし、そうした取り組み方が自分に合うのであれば、そうすべきだと思います。人はそれぞれに性格やタイプがありますから、その人に合ったやり方でやればいいのです。

ただ私がそのやり方をしてしまうと、自分がバスケットボール選手として長く続かないと思うのです。自分のための自主練習ですから、自分が気持ち良く、うまくなることが一番大事です。

コーチとのワークアウトも、２０２３‐24シーズンのＥＮＥＯＳなら今野駿さん、日本代表にいるときなら良和さんに「こういう抜き方もあるよ」と教えてもらっていました。彼らとの１対１でそれを試すときは、男性のコーチであっても負けたくありません。真剣勝負をして感覚さえつかめたら、「ありがとうございました。お疲れさまでしたーっ！」と言って、さっと切り上げます。

そもそも私はチーム練習の後に自主練習をしません。正確に言えば、午前のチーム練習後にワークアウトして、午後の練習前にシューティングをしています。午後のチーム練習が終わったら、さっさとシャワーを浴びて帰ります。

表現が適切かどうかはわかりませんが、チームに拘束される時間が長いと思うからです。プロとしてチームに関わっている以上、チームで行う練習時間はしっかりとプロフェッショナルな姿勢で取り組みます。でもそれが終われば、そこからは自分の時間だと思うのです。

さっさと帰っていた高校時代

そうした考え方は幼いころからありました。小学生のときも、家に帰ってきてまでバスケットの練習をしたことはありません。親に「練習しなさい」と言われたこともありません。家にリングがあって、お父さんに教えてもらったというエピソードをよく聞きますが、私からすれば考えられないことです。中学のときも、聖カタリナ女子高校（現聖カタリナ学園高校、愛媛県）のときも、チーム練習後に自主練習はほとんどしませんでした。少しだけシュートを打って、終わったらさっさと帰っていました。

高校のときは、一色建志先生（現聖カタリナ大学ヘッドコーチ）が体育館に残っていると、みんなは長々と練習していました。でも私は待っていられないから、先生がいても「お疲れさまでーす」と言ってさっさと寮に帰っていたほどです。

下級生のときからです。先輩たちは遅くまで練習していたようですが、私はさっさと帰っていました。そうすると、よくあるケースとして、先輩から「もっとやれば？」みたいなことを言われがちです。聖カタリナ女子高校では、そんなことはありませんでした。一色先生は、長い指導生活のなかでも私みたいな選手は「珍しいヤツ」だと思っていたのでしょう。「コーチの俺や先輩たちがいるのに、こいつは帰るのか……」と。

一学年上に田村未来さん（元デンソーアイリス）がいて――田村さんは遅くまで自主練習をしていたようですが――、私と田村さんは、いわゆる「いい子」が多い聖カタリナ女子高校において、ちょっとひねくれているタイプだったようです。先生も「こんなにひねくれているヤツらは初めて見た」と言っていましたから。それでも私は、チームとして、あるいは自分としてすべきことをしたと思えば、先生がいようがいまいがもう関係ないと思っていたのです。

もちろん厳しく叱られたことはあります。でも叱られると「は？」みたいな感じで、「うるさいわ、じゃあ、プレーで結果を出してやるよ」というタイプでした。読者の方も私が優等生だとか、エリートでないことはすでにおわかりだと思います。あまりにムカついたときは、口パクで返事をしていることもあったくらいです。

今にして思えば、先生がそれを受け入れてくれるだけの度量を持っていたのだと思います。そこに感謝しなければいけません。そのうち先生も、私が注意されたことに「は?」といった態度を取っても、その後のプレーでしっかりやることがわかってきたようで、自主練習をせずに帰るときも「もう帰るのか?」と優しく聞くくらいになりました。私も「帰りまーす。だって、やることないもーん。ずっと体育館にはいたくない」という感じで、どこか暗黙の了解みたいになっていたのです。

自主練習の目的を履き違えない

高校時代がそんな感じだったので、ENEOSに入って初めて、「ああ、自主練習ってこういうことなのか」と知りました。相変わらず、やりたいとはまったく思わないのですが、自主練習がどういうものなのかを一歩進んで知ることができたのは良かったと思っています。

当たり前のことですが、高校バスケットとＷリーグではレベルが違います。自分に足りないものが何なのかもはっきりします。ＥＮＥＯＳの一年目、二年目は先輩たちの自主練習を見て試行錯誤しながら、自主練習をしなければダメだよなと取り組んでいたのです。

一方で、一年目、二年目の若手はほかにも覚えることが多くあります。プレーや身体づくりだけでなく、最下級生としてすべき仕事もあります。それに加えて、一年目は吉田さんがケガ、新原茜さんもコンディション不良でチーム練習に参加できない状態だったため、ポイントガードの経験のない私が試合に出なければなりません。精神的ストレスで心は折れかけていました。当時の自主練習の記憶はほとんどありません。

記憶が残っているのは３年目以降です。リオデジャネイロ２０１６オリンピック後、宮澤さんの３ポイントシュートがめちゃくちゃ入るようになって——もちろん地道に自主練習をしていたからなのですが——、それに触発されて、私も一緒にシューティングをするようになりました。そこからは、一人では続かないので、誰かと一緒に自主練習をしていました。

８年目の２０２１‐22シーズンからは再び〝定時退社〟です。勤務時間（チーム練習）

が終わったら、残業（自主練習）はせずにさっさと切り上げています。

チーム練習で100パーセントの力を出してすべきことをしたら、無理に自主練習をする必要はないという考え方は、今も昔も変わりません。むしろ自主練習をすること自体が目的になってはいけないと思うのです。その目的は、あくまでも個人がうまくなって、チームの勝利に貢献することです。コンディションを整えることも含めて、自分がその日にすべきことをしたと思えば、我慢してまで嫌なことをする必要はないと思っています。

どんな起用法であれ、期待には全力で

勝負の世界にいると――一般社会でもそうかもしれませんが――、逆境だと感じたり、嫌だなと思う状況は多々あります。そんなときでも、私はどうにかしてチャンスをつかみたいと思っています。

たとえば試合に出る、出ないは私が決められることではありません。出られないのであれば、それは私自身に「宮崎を使いたい」と思わせる何かが足りないからです。いくら自分で「私はこんなにも練習をしているし、あの子よりもうまいのに」と思っても、

それを認めてもらえない何かがあるわけです。技術なのか、体力なのか、それともメンタルなのか。戦術理解度が足りないのかもしれません。だったらなおのこと、私がヘッドコーチの目に留まるまで、つまり「宮﨑でいけるのではないか」と思われるまで練習をするだけです。

もちろん「何で私を使わないの？」と思うこともあります。でも、10あるエネルギーのうち、その思いに5のエネルギーを使ってしまったら、パフォーマンスで最大限に使えるエネルギーは5しか残っていません。自分の全力は、身体のことと同じように自分が一番わかっているはずなのにそれを出せなくなります。ならば、「何で使わないの？」と考えるエネルギーは早々に捨て去ったほうがいいのです。だって、いくら「自分のほうがうまい」と叫んだところで、コートに送り出してもらえなければ10も5もありません。力の発揮しようがないのです。

だったら、試合の采配など自分でコントロールできないことはできる限り考えず、自分のパフォーマンスを最大限に発揮することだけにフォーカスすれば、たとえわずかなプレータイムでも力を出し切れて、楽しいと感じられるはずです。

そう考えられるようになったのは、やはりＥＮＥＯＳに入ってからです。高校までは早い段階で起用されることが多く、起用法がどうとか努力がどうといったことを考えたことがなかったのです。〝運〟が良かっただけなのかもしれませんが。

ENEOSに入ったときは、まずは先輩たちのケガなどによって試合に出ることになります。当初はポイントガードでの起用でしたが、その後、シューティングガードになったり、両方で起用されたりさまざまでした。それについては特に思うことはありません。むしろ「両方のポジションで使ってくれるんだ。ラッキー！　チャンスの幅が増えた」という感じでした。

もちろん、いきなり「ポイントガードで」と言われたときは不安だったし、毎試合、胃のなかのものをすべて戻しそうでした。私はシューティングガードなのにと思ったこともあります。でもコーチ陣が私を両方で起用するということは、「ユラはポイントガードでもシューティングでもどっちで使っても大丈夫。我々（コーチ陣）がイメージした通りにやってくれる」と思っているからです。

2023年に行われたアジア競技大会での日本代表も同じです。ヘッドコーチの恩塚さんがそう思っていなかったら、私をポイントガードに、本橋菜子さんをシューティングガードに固定していたはずです。でもそうはしていません。状況に応じて、二人でうまくポジションのバランスを取りながらやってほしいというメッセージで同時起用していたのです。それだけ私にも使い勝手があったということでしょう。ラッキー！　と思わざるを得ません。

ヘッドコーチがどのように起用するにせよ、選手はコート上でその役割を果たす責任があります。起用できる選手はほかにもいますから、結果を残せなかったらカットされるだけだし、交代して残りの時間をずっとベンチで過ごすだけです。プロ選手である以上、それくらいの覚悟は持つべきだし、少なくとも私はそのつもりでコートに立っています。

尊敬すべき先輩たちに支えられて

プレーにおいて、どうしても心のなかで整理できない、気が収まらないことがあれば、今でも吉田さんに電話をします。Wリーグの2023-24シーズンから、アイシンウィングスで現役復帰を果たした後もです。吉田さんはテレビやネット配信の試合は見ないタイプなので、状況を伝えて「どうしたほうが良かったのかな？」と相談すると、「こうだったんじゃない」とポジティブなアドバイスをくれます。

優勝した2022-23シーズンのプレーオフ・ファイナルでは、体育館に着いてからコートに入るまでの間、いつも通り呼吸のエクササイズをしていました。呼吸のエクササイズをしながらも、心のなかでは「怖いなぁ、試合が始まるなぁ、嫌だなぁ、またプレッシャーを感じちゃうなぁ」と思っていたのです。呼吸を整えて身体をほぐしていくうちに「もうやるしかない」と腹をくくることができましたが、結局、最後は吉田さんからのひと言でした。

試合前に、当時、解説者として体育館に来ていた吉田さんから「大丈夫だよ」と声を掛けてもらって、覚悟が決まったのです。

吉田さんとは、2024年2月に行われたパリ2024オリンピックの世界最終予選（OQT）で、同じ女子日本代表のメンバーとしてともにコートに立ちました。吉田さんが二度目の現役引退をした2020年以来4年ぶりのことです。そこでも吉田さんと本橋さんの二人にはとても助けられました。

いつものように試合前の緊張で押しつぶされそうになる私に、本橋さんは「緊張しているの？」と優しく、吉田さんは「また緊張してんの？　ウザすぎ〜」と軽く声を掛けてくれたのです。私のことをよくわかっている二人だからこその言葉に、私も必要以上に気負わずにいられました。

ＥＮＥＯＳで出会った吉田さんと、日本代表活動を通じて出会った本橋さん、そして本書にも何度か登場する寺田さんは、私にとって偉大な先輩です。

特にＥＮＥＯＳで出会った二人は、すごく大好きな先輩です。吉田さんは学生のころからファンだったうえに、運よく同じチームのプレーヤーとして出会うことができました。寺田さんは人として好きです。考え方もしっかりしていて、言うべきときに言うべき口調で話してくれます。現役中に吉田さんたち二人に出会えたことは、何よりもうれしいことです。

もちろん、二人がいなくなった後のＥＮＥＯＳにも渡嘉敷来夢さんや岡本彩也花さんという偉大な先輩がいました。ただこちらの二人は、相談相手でもありましたが、それ以上にプレーで助けてもらうことのほうが多かったのです。特に渡嘉敷さんはプレーヤーとしてすごいところを日々、目の当たりにしてきました。私が何かを聞けば、渡嘉敷さんも必要以上に気を遣ってくれます。だから悩みなどを打ち明けると負担になるだろうから、申し訳なくてそれはできませんでした。特にここ数年の渡嘉敷さんと岡本さんは、私以上の覚悟を背負っていました。むしろ私が二人の負担を少しでも減らせるように、力になりたいと、そう思える存在でした。二人はともに２０２４‐25シーズンからアイシンに移籍しましたが、それまでの10年間は、おこがましいかもしれませんが、ともに戦っている同志という感覚が強かったかもしれません。

ＥＮＥＯＳが強いわけ

ＥＮＥＯＳサンフラワーズには、本当に個性的な選手が集まっています。良くも悪くも我が強く、ただしバスケットには人一倍真剣な選手たちばかりです。だからといってけっして自分勝手にはなりません。そんな選手たちがやりやすい環境を上級生たちがつくってくれていたことが、ＥＮＥＯＳの強さの理由の一つだと思います。

もちろん歴史と伝統のあるチームですからそれなりのルールはあります。チームのルールに反すれば、たとえ選手の意見を尊重してくださる清美さんであっても、厳しく叱責していました。私自身にもそうした経験があります。当時は若かったこともあって、心のなかで「うるせーよ」と思わなかったわけではありません。それでもヘッドコーチがそこまで厳しく言うのは、チームを築くうえで重要なルールだからです。反抗的な態度をとって、やりたくないからやらないなんてことは許されません。万が一にもそんな言動をしたら、試合に出ることはできなかったでしょう。さすがの私も、そこはしっかりわきまえています。

私によくない言動があれば、コーチ陣だけでなくスタッフを含めた先輩たちからも、きっちりと注意を受けます。そのアドバイスの意味がわからなかったら、しっかり聞きに行くようにしていました。

いくら私が思ったことをはっきり言うタイプだといっても、ENEOSサンフラワーズというチームの一員です。ハドルの輪に入って、話を聞き、先輩も後輩も関係なく、みんながやりやすくなるように心掛けています。

それはポイントガードだからというよりも、ENEOSの選手が、思っていることを声や顔に出す人たちばかりだからです。ファンの方も見ていればわかると思います。今は移籍しましたが、宮澤さんは私以上にはっきりと、ダメなことをダメと言える人です。勝ちたいからそう言っているのがわかります。渡嘉敷さんが納得していない表情のときは、もっとやりたいことがあったのだろうなと察することができます。

基本的に平和主義の私は、みんながやりやすいようにやってもらいたいと考えているので、「タクさん（渡嘉敷）、今のはどうしたほうが良かった？」と聞きに行くようにしていました。そうすると渡嘉敷さんも「こうしてほしかったんだよね」と言いつつ、「ユラはそれだとやりにくい？」と気遣ってくれます。

「そうですね」

「じゃあ、自分もこうするから」

そういった素直なコミュニケーションを取ることが、チームをつくるうえではすごく大事なのだなと思います。

私を含めて我の強い人たちばかりですが、コーチと選手、選手と選手の、どちらかが一方的ではないところがＥＮＥＯＳの強さなのだと思います。

笑顔は絶やしたくない

逆境を楽しむという意味では、私はたとえ試合に負けたとしても、ロッカールームを出て移動のバスに乗り込むまでは笑顔を保つようにしています。基本的に悔しさを周囲の人には見せません。

正直に言えば、めちゃくちゃ悔しいです。でもそれを引きずって暗くなっていたら、周囲の人に気を遣われてしまいます。私はそのほうが嫌なのです。終わったことは終わったことと頭を切り替えて、周囲の人が「宮崎早織」という人間に思い描くような笑顔で接するようにしています。そうして家に帰ってから、自分のしたい態度を取ればいいのです。少なくともファンの方々や記者の方々、関係者がいる前ではネガティブな態度は取りたくないと考えています。

チームメイトに対しても「今日の審判はコールが厳しかったよね。ムカついたわ」くらいのことは言いますけど（審判のみなさん、ごめんなさい）、チームとしてのダメ出しはしません。負けてしまったことは事実なのだから、チームメイトを巻き込むほど引きずっても仕方のないことです。

こんなことを言えば、今後、たとえどれだけフラストレーションが溜まって怒り心頭のときでも、ファンのみなさんや記者の方々の前では、笑顔でいなきゃいけないですかね……。ハードルを上げすぎたかもしれません。たまには素通りするかもしれませんが、そのときは許してください。

ゲームのフラストレーションを周囲の人にぶつけるかのような態度を取るのは、やはりプロとして良くないと思うのです。私たち選手にとってもプラスになるかと言えばなりません。自分の問題、あるいはチームの問題であるにも関わらず、「お疲れさまでした」

とあいさつしてくれている周囲の人に対して、冷たく「あぁ、どうも」といった態度を取れば、負の連鎖が広がるだけです。

ファンの人たちは優しいので、「今日のユラさんはつらかったんだろうな」と気持ちを汲んでくれるかもしれません。でも私のことをそれほど知らない、初めてバスケットを見に来たというファンの方々からすると「え、宮崎さんってあんな人だったの？」と思われる可能性もあります。それで「女子バスケットって、つまらないね」と思われたら、そのほうがマイナスです。

さすがに野次を飛ばすような人たちの前は素通りしますよ。

5人兄妹の真ん中ということも、そうした考え方に多少影響しているかもしれません。5人兄妹の真ん中はほったらかしにされることがあるから、つい周りを見てしまうのでしょう。その結果、平和主義になったところもあると思います。問題を起こしたくないのです。これまで炎上するような言動をしている私が何を言うかと思われるかもしれませんが、基本的には当たり障りなくみんなが笑顔でいられることが、私にとって一番うれしいことなのです。

第 4 章

順風満帆なスタート

水泳をやめたくてバスケットを始める

ここまで、ENEOSサンフラワーズに入団してからの私と、私のバスケットボールに対する思いを書いてきました。この章では、それまでの私の歩みと、そのような思いに至った経緯を改めてお伝えしておきたいと思います。ENEOSにたどり着くまでの、けっして優等生ではない私の歩みです。

私は、1995（平成7）年8月27日に埼玉県川越市で生まれ、育ちました。川越市は、江戸時代の情緒を残すことから「小江戸」とも呼ばれ、「時の鐘」で知られるところです。

私は、父・克美と母・寿美香の間に生まれた、姉・優子と兄・泰右に続く3番目で、私の後にも妹の安奈と珠温が生まれて、5人兄妹の真ん中にあたる次女です。

バスケットボールに興味を持ち始めたのは小学二年生のときです。5歳年上の姉がミニバス（ミニバスケットボール）をやっていて、一年生のころは遊びながらそれを見ている程度でした。その姉が都内の私立中学校に進学して家族の生活時間がバラけていくのですが、その姉の影響もあって小学三年生のときに本格的に始めることになります。

ちなみに、姉が通っていた中学校は、東京成徳大学中学校（東京都）です。バスケットファンの方ならご存知かもしれません。姉は、中学二年生と三年生のときに「全国中学校バスケットボール大会」、いわゆる全中を連覇しています。中高一貫のため、同高校に進学してからも全国大会で上位に勝ち進んでいます。のちに私がＪＸ－ＥＮＥＯＳ（現ＥＮＥＯＳ）サンフラワーズでチームメイトになる、間宮（現姓・大﨑）佑圭さんと同級生です。

姉の影響でと言いましたが、バスケットを始めた動機はやや不純です。いや、当時の私としては真剣な思いだったのですが、じつは水泳をやめたかったからなのです。一年生から始めた水泳でしたが、二年生ですでに嫌になっていました。

我が家は、父が野球、母はハンドボールをしていました。一番下の妹、珠温は障害を抱えていることもあってスポーツを選択できませんでしたが、姉はバスケット、兄はＪ１でプレーしたこともあるプロサッカー選手、すぐ下の妹は元Ｗリーグプレーヤーで、現在はプロのボートレーサーという、いわゆるスポーツ一家です。

そんな一家ですから、スポーツへの関心は高く、子どものころはまずスイミングスクールに入れられます。姉は最後のクラスまで進級してやめ、兄はそこまで進級せず、当時から明け暮れていたサッカーを続けるために水泳をやめていました。

さて、3番目の私です。どうにも水泳が性に合いません。そう思うからか、それとも天性のカナヅチなのかはわかりませんが、姉や兄と違ってまったく泳げないのです。そうなると余計に「何で水泳なんてやらなきゃいけないの?」と思い始めて、めちゃくちゃストレスになっていました。

けれど、親の「子どもには何かしらスポーツをさせたい」という思いは何となくわかっているからやめるにやめられません。どうしたらいいのだろうと思っていたときに、兄がサッカーを続けるために水泳をやめたと知ったわけです。「バスケを始めたら、水泳をやめられるんじゃね?」。しかも水泳とバスケットの曜日が同じだったこともあり、水泳をやめるにはそれしかないと思ったのです。

すぐに母に「バスケをする」と伝えました。姉のしているスポーツですし、母もイメージできたのでしょう。スポーツをするのであればということで承知してくれて、晴れて私は水泳をやめることができました。

動機の良し悪しは別として、いざミニバスのチームに入ってみるとめちゃくちゃ楽しい。そこから私のバスケット人生が始まるのです。

小学生時代にバスケットの楽しさを知る

入団したのは南古谷アクロスというミニバスのチームです。ご夫婦二人でコーチをなさっていて、二人ともまずは楽しむことを教えてくれるコーチでした。とにかく楽しくて、怒られた記憶はありません。

だからといって、私はけっして優等生ではありません。８分間走のときは、毎回「バッシュの紐がほどけた」と嘘をついて、ずっとしゃがんだまま紐を結んでいたそうですし、コーチたちの話もまったく聞いていなかったらしいのです。らしい、というのは、私自身はその記憶がないからです。大人になってからコーチたちに会いに行ったとき、そう教えてくれました。小学生はファンダメンタルをしっかりと教えられます。ドリブルは強く突こうとか、ボールを持ったらこうしてディフェンスを抜くんだぞとか。でも私はその話をまったく聞いていないのです。コーチも「こいつ、まったく聞いてないな」と思うから、私に「早織、やってみなさい」と言うのですが、スッとできてしまう。「だからおまえには腹が立つんだよ」と言っていました。

確かにミニバス時代の記憶をたどっても、何かができなかったという記憶はありません。やりなさいと言われたことは、基本的にすぐにできていた気がします。

スポーツをやっていた4人兄妹のなかでも、私と兄は、言われたことがすぐにできるタイプでした。努力らしい努力は全然したことがなかったのです。努力を惜しまないのは姉で、妹の安奈はどちらかといえば気持ちでやるタイプです。スポーツ一家の兄妹でこうも違うものかと思うほどです。

南古谷アクロスでは、六年生のときに関東大会に初めて行きました。すぐに負けてしまいましたが、それが最高成績です。

部活中にスーパーで試食

中学は、さいたま市立与野東中学校に進学します。

姉が通っていた東京成徳大学中学校には行こうとも思いませんでした。というより、行けなかったというのが事実。姉はスポーツだけでなく、勉強もできる文武両道の人でしたが、私は勉強が好きではなかったのです。というより、本当に苦手でした。だから東京成徳大学中学に行くという選択肢はありませんでした。

5歳年上の姉・優子さんの影響で
ミニバスを始めた南古谷アクロス時代は、
六年生のときに関東大会に出場した
(写真左端が著者)

となると、次に考えられるのは地元の公立中学校です。しかし詳しい理由はわかりませんが、川越市内の公立中学校ではバスケットの練習が毎日できなかったのです。おそらく、いろいろなスポーツ部があるから、体育館を使える日と使えない日があったのでしょう。休みのほうが多かったのです。ミニバスで楽しさを知った私としては毎日バスケットの練習をしたい、それができる中学校に行きたいと思っていたのです。

そんなときに、ある情報をキャッチします。与野東中学校の女子バスケット部で顧問をされている先生が、埼玉県内で良い動きをする子たちと一緒にチームをつくりたいと考えているらしいというのです。与野東中学校なら毎日練習できるし、自宅の最寄り駅からも電車で15分くらいです。両親も「早織が行きたいなら行っていいよ」という考え方だったので、「じゃ、与野東にするわ」と進学を決めました。強いか弱いかは関係なく、とにかく毎日バスケットができるという理由で選びました。

実際に毎日バスケットの練習はできたのですが、実態はそう甘くありませんでした。ミニバスとは違い、中学の厳しい練習は地獄でした。「何でここに来たんだろう?」と思うほど、本当に過酷な日々だったのです。

あまりにも練習が嫌すぎた私は、怒った先生から「学校の外周を走ってこい」と言われたときに、近くのスーパーマーケットに逃げ込んで試食をしていたほどです。

そのことを東京2020オリンピック後にテレビで話したら、それを見ていた先生から「おまえ、そんなことしていたのか」と。「すいませ〜ん」と謝りましたが、一方で「そうか、あのときはバレていなかったんだ」と自分で笑ってしまいました。

中学時代は〝破天荒〟なところがあったと思います。ただ、ケンカをしたり、大人に当たってモノを壊すみたいな感じではなく、「サボるためにどうするか」に頭を働かせて、嫌なことから逃げるタイプでした。

もちろん、県内から有望な選手を集めてチームをつくりたいと言っていたのですから、与野東中学校はどちらかといえば本気のチームでした。ただ、何か特別なスキルを教えてもらったというよりも、とにかく3年間で体力がついたという印象のほうが強いです。ウォーミングアップも走るメニューばかりでめちゃくちゃ走らされていましたし、チーム練習になってからも走ることが中心で、当時は本当にイヤでした。バスケットスタイルが走るチームだったからだと思いますが、技術的なことを教えてもらった記憶がないほどです。

才能がプレーのうまさだと思っていた

学生時代は、自分が持って生まれた才能でしかバスケットをしていなかったように思います。それが良かったのか悪かったのか、今となってはわかりません。そんな私に何かを伝えようとしてくれていたコーチの人間性が良かったのだと思います。

話を聞かないといわれていたミニバスでも「早織はおもしろいね」と言って、ずっと使い続けてくれましたし、中学でも、走るだけの練習は本当に嫌いでしたけど、試合にはずっと出ていました。その年代の子にありがちな、運動能力や身体能力の高さがすなわちプレーのうまさと思い込んでいて、実際に私が一番ボールを持っていたほどです。ボール運びはもちろん、パスを出すこともできていました。

自分でも言うのはおこがましいですが、小学生、中学生のころは、チームのなかでもずば抜けていたと思います。チームが勝とうと思えば、私を使わざるを得ないと思っていたのです。今もそうですが、勝負ごとに対しては「絶対に勝つ!」「絶対負けたくない」という気持ちが強かったので、そのメンタリティーを買われて起用してくれていたのでしょう。

その後に進学する聖カタリナ女子高校（現聖カタリナ学園高校、愛媛県）でも、その傾向は変わりません。当時は全国でもトップクラスの強豪校で、高校生年代の日本代表を率いたり、のちにWリーグでもコーチをされた一色建志先生が、チャラチャラした感じの私を一年生のときから起用してくれたのです。その要因には先輩のケガもあったとは思います。しかしながら、各カテゴリーのコーチには本当に感謝しなければいけません。

コーチだけではありません。先輩や後輩を含めたチームメイトにも感謝しています。今思い返してみても、コーチの話は聞かないわ、走る練習はサボるわとなれば、チームメイトから反感を買ってもおかしくないと思います。私自身がそうであったように、同じ世代の女の子たちですから多感な時期です。陰では「何なの、早織は⁉」と思われていてもおかしくないはずです。

ただ私はそうした空気に対する感覚が鈍いところがあるためか、そんな空気をまったく感じていませんでした。むしろ当時の私は、私のパスをキャッチできないチームメイトに、その後パスを出さなくなっていたほどです。勝ちたい一心の私は、シュートを外しただけで「ちゃんと決めて！」と叱責するタイプだったのです。

ミニバスでも中学でも、チームは県大会で上位進出、あわよくば全国大会出場を考えていました。

そうなると、前述のとおり、運動能力の高さがバスケットのうまさだと思っている私のボールを持つ時間が自然と長くなります。すると、相手も対策を練ってきます。ミニバスでも私にディフェンスが二人つくわけです。私もハンドリングが上達していない子に頼らざるを得ず、二人のディフェンスに囲まれたらいったんその子にパスを出し、すぐにまたボールを受けて、また攻めるというのを繰り返しながら前進しました。そうしてディフェンスを自分に引きつけておいて、ラストパスを出したのにゴール下でシュートを外したりすると、「何で決めてくれないの！」と、めちゃくちゃキレていました。

勝利に対する意欲と厳しさ

卒団してから数年後、ミニバスで一緒だった子たちと集まったことがあります。そのうちの一人が、「うちらがゴール下を外して、早織がキレてたじゃん。マジで怖かったんだよな」と言うのです。「ええ、マジで〜？」と笑って聞いていましたが、その子が続けて言いました。

「でも早織と中学が別々になって、私がポイントガードとしてボールを運ばなきゃいけなくなったんだよね。そこでディフェンスを引きつけてパスを出したのに、決めてくれない味方がいたら、そりゃキレるわ〜。やっと早織の気持ちがわかったよ。マジで（決めない選手は）困るよなー」

そんな話をして、みんなでめちゃくちゃ笑い合いました。「早織は怖かった」と言いつつ、周りの子たちもすごく頑張ってくれていたのです。そういう意味では、コーチだけでなく、私はチームメイトを含めた環境に恵まれていました。

こんなことを書いていいのかわかりませんが、姉によれば、私が尊敬する吉田亜沙美さんも学生時代はそんな感じだったそうです。姉と吉田さんは３つ違いで、姉が中学三年生のとき吉田さんは高校三年生。学年としては入れ違いになるのですが、東京成徳大学中学と同高校は一緒に練習することがあったそうです。同じガードだったこともあり、二人はよくペアを組んでいたとのこと。そこで「何回ムッとされたことか」と姉が言っていました。

その後、私はＥＮＥＯＳに入って、吉田さんとチームメイトになるわけです。年齢が８つも違うし、こういう性格なので、吉田さんに対しても日常ではナメた口の利き方をすることがあります。吉田さんはコートの上では厳しい勝負師ですが、いったんコートを離れると優しいし、人見知りなところがあるので、私もついそれに甘えてめちゃくちゃフランクに話しかけています。それを姉に伝えたら、「早織、あんた、ヤバいよ。高校時代のヨシ（吉田）さんだったらキレられているからね」と言われました。「ミスするたびにムッとされて……。そのせいで私、一回練習を休んだこともあるくらいだよ」

そのことを吉田さんに伝えたら、「そんなこと覚えてないなぁ」と大笑いしていました。自分で書いておきながら、吉田さんと比較するとはおこがましいですね。私は学生時代から吉田さんほど高いレベルでプレーしていませんし、結果も出し続けていませんから説得力がありません。

それでも唯一、わずかでも似ている点があるとすれば、チームが勝つために「やられたら、すぐにやり返す」「自分のミスは自分で取り返す」という気持ちの強さでしょうか。自分がボールを取られたら、すぐに取り返しに行っていました。

ミニバスで、攻守が入れ替わりながら勝ち残りで1対1をしていき、最後まで勝ち残った子が優勝といったシンプルな練習をするときも、絶対に負けたくなかった。実際に負けた記憶はありません。私の勝つことへの執着は、小中学生のころからそれほど強かったのです。

高校は強豪の聖カタリナ女子へ

それほどまでに勝負にこだわる私が高校へ進学するときがきました。母は、姉が通っていた東京成徳大学高校か桜花学園高校（愛知県）に行ってもらいたかったようです。でも、私からすると桜花学園高校なんて……。なんて、というと在校生や卒業生、関係者に申し訳ないのですが、絶対に行きたくなかったのです。だってレベルが全然違います。桜花学園高校は、バスケットのレベルがとんでもなく高い選手が行くところだというイメージしかなくて、私なんかが行けるところじゃないと思っていたのです。すぐに拒否しました。

世間では、私が桜花学園高校のセレクションを落とされて聖カタリナ女子高校に拾われたとの噂があるようですが、少なくとも私から桜花学園高校に何かをお願いしたことはありません。井上眞一先生と話したこともいまだにありません。ただ、そういった噂が立てられるということは、私にもその可能性があったのかなと光栄な気持ちです。

桜花学園高校には行かないと私が言うと、母は「じゃあ、少なくとも成徳の練習には行ってきなさい」と返してきました。ただ、これも関係者の方には申し訳ないのですが、東京成徳大学高校も行きたいと思える高校ではなかったのです。こちらもやはりレベルが高すぎるし、中学のとき同様、私はそれほど勉強ができるわけでもありません。

しかし、姉が通っていた高校だし、母が強く推すので渋々練習には参加しました。そのときに、当時のコーチだった下坂須美子先生に厳しく注意されました。私が、パスされたボールをキャッチせずに、そのまま叩き落すような形でドリブルをしてしまったからです。ほかにも何か理由があったのかもしれませんが、そのプレーで厳しく注意されたとき、「ああ、もう嫌だ……。ヤバい。成徳には行きたくないわ〜」と思ってしまいました。今、こうして振り返ると、何て生意気なのでしょう。ヤバいのは私のほうです。

桜花学園高校を拒否し、東京成徳大学高校を嫌った私ですが、高校に進学しないわけにはいきません。どうしようかなと思っていたときに、東京成徳大学中学から聖カタリナ女子高校に進学した方がいたのです。姉の一学年後輩になるのですが、その方の父親とうちの両親が仲良くしていたので、紹介してくださったのです。

当時の聖カタリナ女子高校は、ガードが主体になって、小気味よく走り回るバスケットをしていました。ただ一色先生は原則として愛媛県外の子を募らない方針でした。先生自身がリクルートするのではなく、選手自らが練習に参加させてもらって自分を見てもらわなければなりません。実際に私も聖カタリナ女子高校の練習に参加してプレーを見てもらって、「もしあなたが本当にうちに来たいのであれば、どうぞ」という形で聖カタリナ女子高校への進学を許していただいたのです。

とはいえ、聖カタリナ女子高校は愛媛県にある高校です。川越から与野に通うようなわけにはいきません。決まったのはいいけど、どうしよう……。そんな不安もありました。

じつは埼玉県内の強豪と呼ばれる高校からもオファーをいただいていました。ただ、勝ちたいという思いが先行する私ですから、失礼なことばかりを書きますが、埼玉県内の高校では全国大会には出られたとしても勝てないだろうと思ってしまったのです。そうであれば、聖カタリナ女子高校のほうがチャンスはあるだろうと。

姉がウインターカップのメインコートに立って生き生きとプレーしているのを間近で見ていましたから、「メインコート、いいなぁ。楽しそうだなぁ」と思っていたのです。当時はウインターカップの価値さえもよくはわかっていません。高校に行ったら絶対にウインターカップに出るんだという意欲があるわけでもなく、観客みんなが見ているなかで、スポットライトに照らされているメインコートが、単純に「かっこいいなぁ」といった感覚でした。ただそこに立つには、埼玉県の高校だと難しいだろうなと思っていたのです。

しかも姉が三年生のときのウインターカップ・準決勝が、聖カタリナ女子高校との対戦でした。２０２３－24シーズンにシャンソン化粧品シャンソンVマジックでプレーしていた濱口京子さんが三年生のときです。その試合が始まる前までは「え、カタリナって何？　というか、どこ？」くらいにしか思っていませんでしたが、試合を見てみるとすごいなと。ただその「すごいな」は聖カタリナ女子高校のバスケットというより、やはりウインターカップのメインコートに向けられていました。その舞台の華々しさに圧倒されて、こんなところでプレーしてみたいと思ったのです。それが結果として、聖カタリナ女子高校を選ぶ一つの基準にもなっていました。

親とのケンカが絶えなかった中学時代

聖カタリナ女子高校への進学を決断したのはそれだけが理由ではありません。

ここまでの私の言動からも私の破天荒ぶりはわかっていただけると思います。そんな感じでしたから、両親もあえて親元から離して、半ば〝心身の鍛え直し〟的な感覚で「絶対にカタリナに行きなさい」と言い、じゃあ、とりあえず聖カタリナ女子高校に行くか、くらいの気持ちで決断したのです。

中学時代の私は、毎日親とケンカをしていました。事あるごとに小言を言われるし、多感であるがゆえ、親さえもうっとうしいと思う時期でした。親が試合を見に来たときに、チームメイトに対して不貞腐れた私が頑張ってプレーをしていないと、「それだと高校には行けないよ」と言ってきたり……。それが本当にうっとうしくて、心のなかでずっと悪態をついていました。

あまりにも腹が立ったときに一度だけ、ここに書けないほどの汚い言葉を母に投げつけたことがあります。その瞬間、愛のムチが飛んできました。当然、家の雰囲気はめちゃくちゃ悪くなります。その後も母とのケンカは絶えず、あまりにも怒られすぎてヤバいと思ったとき、靴だけを持って裸足で逃げたこともあります。

どうしてそんなに母に突っかかったのだろうかと思うほど、今では考えられない言動の連続でした。いわゆる反抗期です。

しかも私のすごいところは――すごいと言っていいのかわかりませんが――、母とケンカしているのに、その後、父ともケンカを始めて二人から怒られていることもありました。当時はずっとイライラしていました。

元来、宮崎家はめちゃくちゃ仲が良いのです。ただ私が小学生くらいのときから、家族全員が揃うことがほとんどなくなりました。姉は全国大会に出場するような中学校、高校でバスケットの練習に明け暮れていたし、兄はサッカーで大宮アルディージャのユースチームに入って、それからプロになります。私は埼玉から愛媛へ行くことになり、のちに福井県の高校へ行く妹もミニバスをやっていた当時は母がつきっきりでした。ですから、両親と5人兄妹、祖母の8人家族が日常的に一緒になることがほとんどなかったのです。

言い繕うつもりはありませんが、話したいときに話す相手がいなかったから、当時は私もちょっとしたことでイライラしていたのかもしれません。それでも仲の良い家族であることは今も変わりません。

要領の良さで乗り切っていた高校時代

聖カタリナ女子高校での3年間で、私を挟んだ前後年の主なメンバー（Wリーグに進んだ選手）は以下の通りです。

二学年上　近平奈緒子（元アイシンウィングス）
一学年上　田村未来（元デンソーアイリス）
同級生　　加藤瑠倭（元アイシンウィングス）
一学年下　篠原華実（デンソーアイリス）
　　　　　曽我部奈央（元日立ハイテククーガーズ）
二学年下　軸丸ひかる（東京羽田ヴィッキーズ）
＊引退選手は最終所属チーム

聖カタリナ女子高校に入ってからも、バスケットに関しては順調でした。私が入学した年、メインでポイントガードをしていた一学年上の熊美里さんがインターハイの前に大きなケガをしてしまい、私がスタメンに抜擢されたのです。秋田県で行われたインターハイでは３回戦で桜花学園高校と対戦することになりました。結果として負けてしまうのですが、個人的には思ったよりも活躍できたので、一色先生も「おっ？」となります。

二年生になると普通にスタメンになって、『月刊バスケットボール』から「感動大賞」という賞をいただきました。三年生のときはインターハイとウインターカップで3位、ウインターカップでは大会ベスト5にも選んでいただきました。

結果だけを振り返ってみても、挫折という挫折はなかったです。高校時代に苦しかったことを強いて挙げるとすれば、練習でわからないことが多すぎたことです。

強豪校とはいえ、チーム戦術の練習ばかりをしているわけではありません。高校生ですから、まだまだ基礎的な練習もしっかりやっていました。1対1一つを取ってみても、ディフェンスの抜き方や足の出し方など、高いレベルでの細かな練習メニューをすべて覚えなければいけません。今思えば、バスケット選手としては当たり前の大事な練習ばかりです。しかし、それまでの私はミニバスや中学のコーチの話を聞いてこなかったため細かいところができていませんでした。というか、わからないのです。ですから、技術的なファンダメンタルドリルが何よりも嫌いでした。

中学までは、そうした細かいプレーを運動能力や身体能力でカバーできていました。ところが、聖カタリナ女子高校の練習では、細かなところまでできなければ何度でもやり直しをさせられます。みんなが列になってドリルをするときは一年生が列の先頭に立つのですが、私はけっして先頭に立ちません。ドリルの細かい動きを覚えていないからです。同級生の動きを見て、ああ、こうやってやるのだと、その場で見て覚えて何とかやり過ごしていました。一色先生が「宮崎は要領がいい」と言っていたのはそういうところでしょう。

学校生活でも、破天荒ぶりは治まりません。聖カタリナ女子高校はカトリック系のミッションスクールですから、お祈りの時間があります。しかし、私はそれをせずに体育科の先生にめちゃくちゃ怒られたことがあります。破天荒な子は、わりと体育科の先生にかわいがられたりするものなのですが、私がお祈りをしないのは一回や二回ではなかったので、さすがに先生も見かねたのでしょう。「また宮崎がお祈りをしていない」と指導に来られたのです。怒られた先生とはその後、仲良くなりましたけどね。

勉強は苦手なりに頑張ったとは思います。追試があるからです。追試になると練習に出られないので、それだけは避けたい、そう思ってテスト期間は勉強も頑張りました。もっぱら丸暗記スタイルでしたが、おかげで追試はなかったと思います。

授業中に先生が「ここは試験に出るよ」と言えばマークしておいて、そこだけはしっかり覚えておくのです。それでも午後イチの授業ではどうしても睡魔が襲ってくることがあります。友だちに「どこが出るって言ってた？　ノートを見せて」とお願いしたり、先生に「(高校生年代の）日本代表活動で全然勉強ができなかったので、出るところだけ教えてくれない？」と聞きに行ったりしていました。「ノート点」と呼ばれる、ノートをしっかり取ることで得られる点数もあったのでそれで稼ぐなど、ありとあらゆる手を使って、バスケットができる環境だけは保っていました。

けっして誇るべきことではありませんが、当時それが許されたのも、今思えば、一色先生にかわいがってもらっていたからかもしれません。

心のままに、自分の感覚を信じて

こんな私でも人見知りをします。ただ、「この人とは気軽にしゃべれるな」「この人はプライドが高そうだから話すのが難しそうだな」と一瞬で見分ける能力は高いと思います。

一色先生は圧倒的に前者です。周りから見れば、全国的に有名で実績のあるコーチですし、やや強面。でも私は人を過去の実績や見た目で判断しません。あくまでも自分が基準。自分が話しやすそうだなと思って、話したいと思えば気軽に話します。話してみ

聖カタリナ女子高時代。
三年生のときはインターハイ、ウインターカップで3位に、
ウインターカップでは大会ベスト5に選ばれた

て、「話しやすいなぁ」と思えば、さらに話すようになります。一色先生は話しやすくて、会話のキャッチボールができる方だったので、よく話していました。

もちろん初対面のときは、さすがに目上の方ですし、敬語でした。ただ慣れてくると、いわゆる〝ダメ語〟が出てしまいます。一色先生はそれについてとやかく言うこともなく、「こいつはこんな感じなんだろうなぁ」と半ば呆れつつ、寛大に接してくださったのだと思います。たまに周りの大人からそのことを注意されても、「あ、すんませーん」と言って、先生と一緒に笑っていました。

自分の感覚が基準とはいえ、これまで話しにくいと感じた人はほぼいません。今でも県立広島皆実高校の村井幸太郎先生や、千葉経済大学附属高校（千葉県）の池端直樹先生などは、普段は全然会っていないのに、たまにナショナルトレーニングセンターやウインターカップの会場などで会うと、「先生、久しぶり〜。元気にしてたー?」と話しかけに行きます。先生も「おう、宮崎。元気か?」と返してくださるので、「うん、久々に会えてよかったー。また会いましょう!」といった感じで気さくに話しています。

昭和学院高校（千葉県）の鈴木親光先生に至っては、私から「おう、チカミツ〜!」と言って近づくと、「おまえ、何で呼び捨てなんだよ。みんなが見てるだろう」と、先生のほうが照れるほどです。東京成徳大学高校の遠香周平先生にも、「先生、今日も筋トレしてんの？　もっとバスケをやったほうがいいよ」と言ったりして……。

親光先生も遠香先生も、アンダーカテゴリーの女子日本代表でアシスタントコーチを務めてくれていました。だからこその関係性です。

２０１２年８月にU17の世界選手権がオランダで行われたとき、時差ボケを解消するためにずっと走っていました。ずっとスリーメンをやっていたので、毎回「マジで、ウザっ」などと言いながら、みんなしっかり走っていたのを覚えています。結果としてU17女子日本代表はその大会で４位になっています。親光先生と遠香先生のスリーメンのおかげでしょう。

〝素〟のままの宮崎早織として

そうした「人懐っこさ」みたいなものは私の性分なのかもしれません。両親にも人との接し方を厳しく言われたことはありません。あいさつについてはきちんとしつけられましたが、そもそも人にあいさつをしないことはないので、叱られることもありません。

さすがに人に迷惑をかけるようなことをすると叱られますが、「〇〇しなさい」と言われたことはないと思います。一度だけ、あまりにも勉強をしなさすぎたときに「勉強しなさい」と言われたくらいです。それ以外の生活面で何かをしなさいと言われることはありませんでした。

だから、私の人に対する接し方は〝素〟なんです。

バスケット部の先生（コーチ）は、なぜか強面の人が多いでしょう？　私はそうした先生たちとの会話も楽しんじゃいます。先生たちも最初は「何だ、こいつ」と思いながら、私が楽しそうに話すから徐々に受け入れてくださるのだと思います。

私だって全然話さないときもありますよ。そんなときでも自分を取り繕ったり、本性を隠したりすることはありません。これが私の思う〝素〟のままの私です。

逆に、まじめな部分は見せないようにしています。見せている部分が、周りの人が見る私のキャラクターになっていることは、はっきりと自覚しています。

ただ「見せない」ことと「隠す」ことは、私のなかではちょっと違います。まじめな部分を隠しているわけではありません。見せないというよりも「出さない」のほうが適切な表現かもしれません。出すタイミングがないから出さないだけです。

自分からまじめな話をするタイプでもありません。人からまじめな話を振られたときにはそうした一面も出していきますが、自分から積極的に出そうとは思っていません。基本的には明るく「ウェーイ」みたいな感じが、みなさんも知っている宮崎早織ですから。

こうして振り返ってみても、高校を卒業するまでは順風満帆でした。ケガがまったくなかったわけではないけれど、試合に出られないほどではなかったし、試合にもそれぞれのカテゴリーで比較的早い段階から出ていました。この性格を抑えつけられるようなこともなかったし、持って生まれた才能を生かせば、順調にプレーができていました。

それが、ＪＸ－ＥＮＥＯＳに入団して、思い切り叩き落とされるわけです。そこから這い上がるまでに時間はかかりましたが、這い上がれたからこそ、今も〝素〟のままの宮崎早織として――ときに誤解され炎上することはありますが――、ＥＮＥＯＳや日本代表でプレーできているのだと思います。

姉の助言でＪＸ－ＥＮＥＯＳへ

最後に、私が聖カタリナ女子高校からＪＸ－ＥＮＥＯＳサンフラワーズへ進んだ経緯に触れておきます。

Wリーグのチームからオファーがあったと知らされたのは、高校三年生になってからです。ＪＸ－ＥＮＥＯＳを含めて4チームだったと思います。

当初は、ＪＸ－ＥＮＥＯＳからオファーが来ていることをまったく知らなかったのです。話を進めていくうちに「ＪＸ－ＥＮＥＯＳからもオファーが来ているぞ」と聞かされて、「え、私に？　間違ってない？」と疑ったほど驚きました。「いや、本当。おまえと（加藤）瑠倭に話が来ているんだよ。どうする？」と。

一色先生には、私の性格や同級生の加藤との兼ね合いも含めて、ここに行ってほしいと思うチームがあったみたいです。オファーをくださったチームとの関係もあったから、なおさら先生の意中のチームに行ってほしいという思いは強かったようです。

ただ先生の意見だけで決めるわけにはいきません。埼玉に戻って家族とも相談したら、両親も一色先生の推すチームがいいのではないかと言いました。

そのときに姉が「いや、やっぱりＪＸ－ＥＮＥＯＳじゃない？」と言ったのです。

「ほかのチームであれば、若いうちから試合に出る機会があるかもしれない。でも、それだと今までと同じじゃない？　これまでのように才能と運だけで人生がうまくいったら何も成長できないじゃん。だったら、選手の大半が日本代表のチームで自分を試したほうが楽しくない？　いや、むしろそこ一択でしょ？　なぜそこに行こうとしないのか、私にはわからない」

私自身も、小さいころからＪＸ－ＥＮＥＯＳの試合しか見たことがなかったし、姉の言葉を聞いて、心が決まりました。

「じゃ、ＪＸ－ＥＮＥＯＳにするわ」

当初は、先生の考えに沿いつつ、加藤が選ばないチームにしようかと思っていました。先生が推すのだからいいチームなのだろうと。しかし、姉の言葉で翻意して、ＪＸ－ＥＮＥＯＳでと伝えると、一色先生は「本当にいいのか？　いいんだな？」と念を押されました。

吉田さんや渡嘉敷来夢さんといったスーパースターがたくさんいるチームでしたし、私の嫌いな走る練習も多いことは聞いていました。ついていけるのか、不安がなかったわけではありません。でも実家にも近く、姉と同級生の間宮さんもいるし――実際、間宮さんは入団当初からすごく良くしてくれました――、ＪＸ－ＥＮＥＯＳに入って良かったなと今でも思っています。

家族の結束力と母のすごさ

こんなことを言うと誤解されるかもしれませんが、父はけっして高給取りだったわけではありません。普通に会社勤めをしていました。ですから宮崎家では、兄妹で学費を出し合っていました。文武両道の姉だけは奨学金を得て、寮費は父が出していましたが、私が聖カタリナ女子高校に進学するときは、当時すでにJリーグでプレーしていた兄が「俺が早織の学費や寮費を出すよ」と申し出てくれたそうです。実際に兄は年俸をやりくりして、私の学費と寮費を支払ってくれました。私がJX-ENEOSに入ってからは、兄から借りていた学費などを返しながら、「今度はあなたが安奈を養いなさい」と、私が妹の学費などを支払っていました。安奈は現在プロのボートレーサーになったので、「早織に返しなさい」と母から言われているようです。私たちの家族はそうやってつながっています。

宮崎家は父と母を中心に結束した家族だと思います。ただ、それぞれの生活もあるし、祖母も一緒に住んでいるので、そうした家計を一手に担ってコントロールしてきた母は一番すごい存在です。そんな人に悪態をついていいわけがないと、大人になっていくな

5人兄妹の真ん中にあたる次女として生まれた著者。
宮崎家は父・克美さん、母・寿美香さんを中心に結束した家族でもある
（写真左から　三女・安奈さん、姉・優子さん、四女・珠温さん、著者、兄・泰右さん）

かで私は気づきました。

ＪＸ－ＥＮＥＯＳに行くと決めた後は、チームに連絡を入れて春を待つばかりです。当時はまだ皇后杯が1月に開催されていて、次年度の新人がそこに集まってきていました。そこで愕然としたのです。会場に行ってみると、ＪＸ－ＥＮＥＯＳの応援席に、桜花学園高校の山田愛と西山詩乃がいて、昭和学院高校の小山真実もやってきました。もう訳がわからないというのが第一印象です。

彼女たちとは高校時代に何度も対戦していますが、まさか彼女たちもＪＸ－ＥＮＥＯＳへ行くとは、まったく知らなかったのです。しかもみんな同じポジションです。「そんなことある？」と驚いたのを覚えています。

そして2014年3月、聖カタリナ女子高校を無事に卒業した私は、ＪＸ－ＥＮＥＯＳサンフラワーズのひまわり寮に入寮するのです。

第 5 章

世界と戦うことについて

東京2020選出の裏側で

2021年7月1日、東京2020オリンピックを戦う女子日本代表の最終メンバー(当時の肩書は内定選手)が発表されました。12人のメンバーリストのなかには、私の名前もありました。

それまでもアンダーカテゴリーの日本代表や若手中心の日本代表、いわゆる〝B代表〟に選ばれたことはありましたが、A代表は初めてのことです。

最終メンバー入りについては、正直なところ、うれしさ半分、悲しさ半分の複雑な気持ちでした。最後の最後で私と安間志織とが天秤に掛けられたからです。

当時のヘッドコーチであるトム(・ホーバス)さんは、ポイントガードを3人選びたかったようです。その3枠を最後まで争っていたのは4人。そのうち町田瑠唯さんはほぼ当確だと思っていました。本橋菜子さんはケガからの復帰段階だったこともあって当落線上にいると言われていましたが、トムさんから絶大な信頼がありました。本橋さんのケガの回復が順調であれば、落選するのは私か安間だろうと思っていました。

安間は、学年でいえば一つ上ですが、その関係性から敬称をつけずに呼ばせてもらいます。普段も彼女のコートネームである「レンちゃん」と呼んでいる仲です。

結果として、トムさんが選んだのは私でした。ある種の好運だったように思います。トムさんがJX－ENEOSのコーチをしていたとき、私がそこにいた。おそらくJX－ENEOSで3年間、一緒に戦ったという信頼関係があったから、私が選ばれたのだと思います。それくらい私と安間に差はなかったのです。

選ばれたことは素直にうれしかったです。ただ、町田さんと本橋さんに負けないように一緒に頑張ってきた安間が選ばれなかったことで、複雑な気持ちにもなりました。いきなり相棒を失ったような感覚にとらわれて、本当に悲しかったです。

もちろん誰かが落とされることはわかっていました。それが町田さんや本橋さんでも悲しいと思ったでしょう。ただ東京2020オリンピックに向かうシーズンは、私も安間もパフォーマンスがめちゃくちゃ良かったのです。Wリーグでもそれぞれが、ENEOS（2020－21シーズンからENEOSサンフラワーズ）とトヨタ自動車アンテロープスで調子が良かったので、トムさんもすごく期待してくれていました。

強化合宿が始まってからも、私たちはずっとスタメンチームのポイントガードとして起用されていたのです。ただ海外のチームと対戦すると、経験値の乏しさからパフォーマンスが下がってしまいます。そうしているうちに町田さんと本橋さんが調子を上げてきて、私たちの序列が下がっていきました。

それでも安間と私は、トムさんに怒られながら「一緒に頑張ろう」「絶対に乗り切ろう」と励まし合っていました。最後はどちらかが落ちなければいけないことはわかっていて、日本代表に選ばれるとはそういうことだと理解もしていました。それでも本音を言えば、その争いは本当に苦しいものだったのです。

史上初のオリンピック銀メダル獲得

東京2020オリンピックでのバスケットボール女子日本代表は、ご存知の通り、銀メダルを獲得します。チームで勝ち取った結果なので、もちろんうれしかったです。でも、それまでの私の人生計画のなかに「オリンピックでメダルを獲得する」という一文はなかったため、メダルを掛けたときも実感は湧きませんでした。むしろ、「やっと終わった」という気持ちのほうが強かったのです。当時の偽らざる気持ちです。

オリンピックが行われた2021年は、4月から第一次強化合宿が始まりました。そのときの候補メンバーは30人弱です。そこから8月のオリンピックまでの期間だけでも長いのに、前年にはWリーグを途中で中断して行う強化合宿もありました。その間ずっと候補選手と呼ばれていたのですが、とにかくポイントガードのポジション争いは熾烈でした。町田さん、本橋さん、安間、私以外にも何人かのポイントガードが名前を連ねていたので、彼女たちとの争いが続きました。

しかも世の中はコロナ禍です。強化合宿はもちろんのこと、オリンピックが始まっても外に出られるわけではなく、ずっと缶詰め状態でした。銀メダルを獲得したこと以外、楽しい思い出はありません。

オリンピックに関連して一番記憶に残っているのは、大会が終わってから、実家に帰ってご飯を食べていたときのことです。母の料理を食べていたら、いきなり涙が溢れ出て止まらなくなったのです。実家で号泣するなんて、小中学生のとき以来だったと思います。

試合に出られなかった悔しさもあったと思います。でも初めてのA代表だったし、自分に必要な経験だと割り切っていました。それが涙を流すほどの原因とは思えません。

そう考えたとき、思いつくことはあります。オリンピックに向かうシーズンは調子が良かっただけに、オリンピックで試合に出られなくて、また以前の私――吉田亜沙美さんのバックアップとして、コートであたふたしてしまう若いころ――に一気に戻ってしまうのではないか。そんなふうに思っていたのかもしれません。

もちろん、そんなことはないのです。当時は吉田さんも引退されていたし、ENEOSに戻れば自分が正ポイントガードとしてチームを引っ張るだけです。でもオリンピックが終わって緊張の糸が切れたことで、すぐに気持ちの切り替えができませんでした。心身ともに疲れ切って、泣いてしまったのだと思います。私の東京2020オリンピックの思い出として最初に浮かぶのは、あのときの涙です。はっきりとした理由は今でもわかりません。

オリンピックでの私のプレーについては、けっして悪くはなかったと思います。ただそれほどゲームに出たわけでもありませんから、良いも悪いもありません。ただ、気持ち的に前シーズンのWリーグのときほど自信を持ってプレーできていたかと聞かれれば、100パーセントそうだとは言い切れない自分もいます。どこかでトムさんの顔色をうかがいながら、ここで攻めていいだろうか、こうしたほうがいいだろうかという迷いは間違いなくありました。そういう苦しさはあったかもしれません。

それでも、実家での大号泣を含めて、東京2020オリンピックが一つの大きなステップとなったことは間違いありません。さらにその後も日本代表に選んでいただけていることは、それまでの壁を乗り越え、私の自信をさらに強くさせるものだったと思います。

オリンピック直後のアジアカップ5連覇

東京2020オリンピック後、女子日本代表のヘッドコーチが、トムさんから恩塚亨さんに替わりました。そしてオリンピックが終わって2カ月も経たないうちに「FIBAバスケットボール女子アジアカップ」がヨルダンで行われたのです。

結果は優勝。大会5連覇を達成しました。予選ラウンドを3連勝で1位通過し、準決勝でオーストラリアを、決勝で中国を破っての優勝です。私個人としても、決勝で26得点を挙げ、大会のベスト5に選んでいただきました。

今だから話せますが、東京2020オリンピックで心身ともに疲れ切っていたため、アジアカップは休もうかなと思っていたのです。ただ、本当に休んでいいのか踏ん切りがつかず、吉田さんに相談しました。「一回休もうと思うんだけど、どう思う?」と。

吉田さんには、こう言われました。

「代表経験が少ないんだから、休むな」

もちろん、こんな命令口調ではありません。言い方は違いますが、そんな意味の言葉でした。

「休んでいる暇なんてない。行け。それがユラの自信になるし、絶対にパワーアップにつながるよ。休むことなんて引退したらいつでもできるんだし、プレーできるうちはやったほうがいいよ。私も（当時は）引退して、そのことをすごく感じたから……。とにかくおまえに休んでいる暇はない。行け」

そう言われて、決心しました。

「わかった。じゃ、行ってくるわ」

そうは言ったものの、不安がなかったわけではありません。自分のコンディションのことというよりも、体制が一新されてベテランのお姉さんたちが休んでいたからです。年齢的には私が上から二番目になり、大会5連覇を狙えるところで私が林咲希さんに次ぐ二番目で大丈夫だろうかと。

それでも、オリンピックであまり試合に出られなかった悔しさが残っていたし、「トムさん、見ておけよ」という思いもあって、徐々に沸々と湧き上がってくるものがありました。

それに対して恩塚さんも最後まで起用し続けてくださった。私を信じてコートに出し続けてくれたことも、チャンスをくれた恩塚さんに応えられたことも、私にとってはすごくうれしい大会となりました。

責任を実感したワールドカップ

２０２２年は９月下旬から、オーストラリアで「ＦＩＢＡバスケットボール女子ワールドカップ」が行われました。結果は12チーム中９位です。

初戦のマリには勝ちましたが、そこからは勝てない試合が続いたため、ネットで「女子日本代表は弱くなった」「チームがバラバラだ」、挙句には「恩塚が悪い」みたいなことを書かれていました。

もちろん、私はそんなふうには考えていません。確かに周囲から見ればバラバラに見えたかもしれませんが、コートの上でプレーしているのは恩塚さんではなく私たち選手です。だから、勝てないことへの責任は選手が持つべきだと思っていたのです。

当初は山本麻衣（トヨタ自動車）がスタメンのポイントガードで出ていたのですが、

途中から私がスタメンになりました。私はスタメンだろうがベンチスタートだろうが、チームのために貢献して勝つことがうれしいし、勝てなければ悔しいと思うタイプです。だから、とにかく勝てなかったことが悔しかったです。

しかも前年のアジアカップを経験して、自分のなかに日本代表としての自信も芽生えてきていたからこそ、今度は世界の舞台で結果を出してやるぞという気持ちだったのです。一方で相手チームもしっかりと対策を練ってきます。ヘッドコーチが代わったとはいえ、日本は東京2020オリンピックで銀メダルを獲得したチームです。相手もこれまで以上にスカウティングをしてきていると実感しました。

だからこそ、勝てなかったという結果をヘッドコーチのせいとは考えず、自分自身の責任だと感じていました。ましてや、大会の途中からスタメンに起用されたということは、悪い流れを変えてほしいという期待があります。その期待に応えられず、チームを勝たせることができないのはポイントガードである私の責任です。だから、どんな状況でも勝ちたかったし、それができなかったのは、私にまだその力がなかったからだと思い知らされる大会でした。

短い時間で結果を出すということ

確かにワールドカップでは、恩塚さんの選手起用がうまく機能していなかった側面はあったかもしれません。恩塚さんは、トムさんと違って「タイムシェア」と呼ばれる、選手を積極的に交代させて、常に心身ともにフレッシュな選手がコートに立つという選手起用をしていました。

Wリーグでもタイムシェアをするチームはありますが、大半はトムさんのように、主要な選手を長く使う手法をとっています。ですから、多くの選手がタイムシェアに慣れていなかったように思います。

タイムシェアは、フレッシュな選手がコートに立つ分、攻守において積極的なプレーがしやすいというメリットがありますが、交代をすることでゲームの流れがガラリと変わってしまう――しかもそれが悪い方向に変わることもある――というデメリットもあります。慣れない起用法のなか、コートに立っている選手たちは心身が乗ってきたと思うタイミングでベンチに下がることもありました。だから、なおさら流れに乗りにくかったところもあったと思います。さらには戦い方に関する共通理解などチームとしての成熟度が足りなかったこともあり、ワールドカップでは悪いほうばかりが数多く出てしまったように思います。

もちろん選手交代については、私たち選手が何かを言えるわけではありません。ヘッドコーチの専権事項です。

そうであるならばなおのこと、結果を変えるのは選手たちしかいません。

たとえコーチの采配に疑問や不満があったとしても、試合中はそのことにエネルギーを使っても何も変わらないのです。前にも書きましたが、個々の選手が持つ10のエネルギーのうち5を起用に対する疑問や不満に向けていたら、コートでプレーに使えるエネルギーは残りの5しかないのです。もったいない悪循環です。

東京2020オリンピックでバスケットボール女子日本代表のことを好きになってくださったファンの方々が、なぜ私たちを好きになってくれたのか。それは世界各国の選手たちに比べてサイズが小さいながらも必死にボールを追いかけ、身体を張ってゴールを守ったり、転じたオフェンスで確率よくシュートを決めていくという、そんな姿に感動してくださったからだと思います。

2022年のワールドカップで、日本代表の選手たちにその必死さがあったでしょうか。まったくなかったわけではないけれど、もっとできたと思うのです。自分自身の反省を含めてそう思います。私にとって初めてのワールドカップは悔しい思いしかありません。

タイムシェアは、短い時間で全力を出し切って結果も求められますから、正直なところ、選手としては難しい起用法ではあります。

ただ、その「短い時間で結果を出す」ことに関しては、私はENEOSで7年間、ずっと経験してきました。吉田さん、新原茜さん、岡本彩也花さん、藤岡麻菜美さんら、先輩たちの後に出ていって、1分、2分のプレータイムで結果を求められてきました。若いころは「こんな短時間で何ができるんだよ」と、心のなかで毒づいたこともありましたが、それを経てこそ今があります。私は7年間、その「数分」を積み上げてここまで来たのです。その自負はあります。そのことにも改めて気づけたワールドカップでした。

恩塚ジャパンだからこその成長

東京2020オリンピックと直後のアジアカップを経て迎えたWリーグでは、前述のとおり、苦しみの真っ只中にいました。一番戻りたくないシーズンです。ただ、苦しみのなかで気づくことがあったのも、そのシーズンでした。結局のところ、プレーの苦しさはプレーでしか返せないのです。

その意味では、恩塚さんが日本代表のヘッドコーチになって、アジアカップとワールドカップで私を日本代表に選出してくれて、なおかつ積極的に起用してくださったことは、一つの大きな転機になったように思います。

そのころから徐々にイライラすることが少なくなってきました。恩塚さんから「最後まで自分の好きなようにやっていいよ」と言ってもらえて、焦る必要はないと思えるようになったのです。あの言葉は私にとって大きかったと言えます。

実際、恩塚さんが指揮する日本代表では、ボールを持つことの多いガード陣に周りの選手たちが動きを合わせてくれます。その分、責任が伴うわけですが、素直に「この日本代表はいいな」と思いました。私の成長には欠かせないチームの一つです。

ただし、周りの選手たちが合わせてくれるからといって、自分勝手にプレーするわけにはいきません。逆に私ではない誰かがボールを持っているのであれば、その動きに私も合わせてあげます。お互いがお互いのためにプレーすることで、誰を信用するとかしないとか、そんなことをあまり深く考えなくていいと気づいたのです。これまで抱いてきた苦しい気持ちが一気に吹っ切れたのは、恩塚ジャパンのおかげです。

アジアカップ２０２３で６連覇を逃す

２０２３年は６月下旬から、またしてもオーストラリアで「ＦＩＢＡバスケットボール女子アジアカップ」が行われました。

結果は準優勝。決勝戦で中国に敗れて、大会６連覇を逃したのです。

個人的にはけっして調子は悪くなかったのですが、勝敗を決するであろう最後の場面で起用されることはありませんでした。

なぜ最後に宮崎を使わないんだと、そう言ってくださる方もいてうれしく思います。でも先ほども言ったとおり、選手起用についてはヘッドコーチの権限なので、私は受け入れるようにしています。大げさな表現ですが、ヘッドコーチが「最後はこの選手で勝ちに行く」と決めたことです。それで負けたなら仕方のないことです。

と、かっこいいことを言いながら、あのときは内心、悔しさがなかったわけではありません。だから試合後、恩塚さんに「お疲れさまです」といつもの調子で伝えながら、心のなかで「次は見ておけよ」と思っていました。「絶対に後悔させてやる。『あのときもユラを使っておけばよかった』と思わせてやる」と。

その年は日本代表活動に入ってからもずっと調子が良かったのです。自分でも驚くくらい好調をキープできていました。アジアカップでも良いパフォーマンスができるという自信はありました。

実際、中国との決勝戦でもいいところで3ポイントシュートを決めることができて、「ええ、このシュートが入るんかい！」と、自分自身でも驚いたほどです。コートに出れば勝利に貢献できる自信があると思っていたからこそ、昔の私だったら、最後の場面で使われないことに「え？　意味がわかんない」といった気持ちになったでしょう。でもあのときはそうならなかったのです。これは本当です。

大会後に実家へ戻ったとき、母から「何で最後に出なかったの？　何か言われたの？」と聞かれました。そのときはつい、売り言葉に買い言葉で「私も『出してくれ』って思ったよ。正直、腹立ったわ〜」と言ったら、母も「ホント出してほしかったわ〜。滅多にない調子の良さだったんだから」と返してきました。「滅多にないって何だよ」と思っていたら、横にいた父が「まぁ、しょうがない。それもあなたの実力ですよ」。両親に救われた思いでした。

チームとしては、前年のワールドカップでのモヤモヤが抜け切れていない感じがしました。「これで大丈夫かな」と思うこともありましたが、キャプテンの林さんがみんなをまとめてくれて、決勝戦までは勝ち進めました。選手たちも何度か、ああしよう、こうしようと話し合っての準優勝。勝てたのではないかという思いがないわけではありませんが、次へのステップとなる良い経験が積めたと思っています。

一つになっていく実感

2023年は、Wリーグが開幕する前にもう一つ国際大会がありました。中国・杭州で行われた「第19回アジア競技大会」です。ここでも決勝戦で中国に敗れて準優勝でした。

この大会は、強化合宿に入る前から何人かの選手がコンディション不良で参加できないのではないかと聞かされていました。しかし、それが事実であるならば、私にとっては成長のチャンスです。絶対に結果につなげてやると思っていました。

実際に何人かの主力と思われていた選手が来られず、大会の途中でも本橋さんや星杏璃（ENEOSサンフラワーズ）が体調不良で戦線を離脱することになったのですが、みんなですべきことに全力で取り組んでいました。結果として優勝はできませんでしたが、勝てなかったのはメンバーが揃わなかったからではなく、気持ちの問題かもしれません。ホームである中国の勝ちたいという思いが私たちのそれを上回っていたからだと思います。

プレー面でも、ディフェンスでチームメイトを助けてあげる、あるいはルーズボールを取る、リバウンドを取りきる、というところで差が生まれたように思います。

それでも私自身はプレーしていて楽しかったです。途中で本橋さんが出られなくなりましたが、川井麻衣（デンソーアイリス）が助けてくれたし、誰かが抜けてもほかの誰かが助けてくれるというチームワークを強く感じました。

ワールドカップで失いかけていたものを、アジア競技大会を通して少しずつ取り戻していった感覚です。私たちのような経験のある選手たちだけでなく、若い選手たち一人ひとりが、勝つために何が必要なのかを彼女たちなりに真剣に考えてくれていました。そんなときに本橋さんと星が離脱したわけですが、そうなったことで「もうやるしかないよね」という一体感がより生み出されました。「チームになっていく」ということが強く感じられたのです。

もちろん悔しさはあります。いや、めちゃくちゃ悔しいです。そのほうが大きいかもしれません。そう思う理由がこのアジア競技大会にはあったのです。

私は２０１８年にインドネシア・ジャカルタで行われた第18回大会にも出場しました。その年はアジア競技大会の閉幕後、１カ月もしないうちに「ＦＩＢＡバスケットボール女子ワールドカップ」があったため、若手中心の日本代表で出場していました。結果は、準決勝で中国に敗れて、３位決定戦でチャイニーズ・タイペイに勝って銅メダルを獲得。個人的には手応えも収穫もあった大会でした。

だからこそ、５年ぶりのアジア競技大会は、個人的にも期するところがありました。前回大会以降、いわゆるＡ代表に選んでいただけるようになったし、世界と戦う経験を積み重ねてもきたからです。

実際に準決勝の韓国戦は自分の持ち味を発揮できたと思います。しかし決勝戦では中国が、私が思っていた以上に私のスカウティングをしてきたのです。私たちを、ではなく、私を、です。驚きました。私は中国からスカウティングされるような選手になったのか……。そんな驚きとともに、中国から受ける圧力に負けたような気がしています。

もっと準備をしておく必要があったし、ミスマッチに対するオフェンスは練習していたものの、相手の高さが気になってレイアップシュートを何本か落としてしまいました。もっともっと成長しなければいけないと思ったし、一方で、もっともっと上に行けるんだと思わせてくれた大会でもありました。

悔しさはありましたが、世界ランキング2位（当時）の中国にスカウティングされて、こんなにもタフに守られるんだと思ったら、すごくうれしくもありました。ここまで頑張ってきてよかったと、改めて「私は日本代表選手なんだ」と実感した大会でもありました。

先輩たちがいてくれたからこそ

もう少し、日本代表の話をします。

2024年2月には、ハンガリーでパリ2024オリンピックの世界最終予選（OQT）が行われました。スペインとカナダ、そして地元のハンガリーと対戦し、4チームのなかで上位3チームがオリンピックに出場できるレギュレーションです。

当時の世界ランキングでいえば、スペインの4位、カナダの5位、ハンガリーの19位に対して、日本は９位。ランキングどおりの結果になるのであれば私たちの３位以内は間違いないのですが、そうならないのが勝負の世界です。結果、順位的には日本が１位で通過してパリ２０２４オリンピックの出場権を得ました。しかし私たちは、ランキングのうえでは格下といえるハンガリーに負けて、格上ともいうべきスペインとカナダに勝っています。ランキングだけでは測れないタフなゲームが、特にオリンピックという世界的なスポーツイベントに関わるときには行われるのです。同時に、だからこそ得られる成長の糧もあります。

私は東京２０２０オリンピックから、いわゆるA代表に選出していただきました。直後のアジアカップ以降もコンスタントに選出していただき、アジアではチームの成績同様、一定の力を発揮して自信も得られました。

しかし、世界レベルになるとまだまだです。東京２０２０オリンピックも先輩たちの背中を見るだけで終わりましたし、２０２２年のワールドカップも結果を出せていません。

自分の力ではアジアが限界なのだろうかと思ったこともありました。だからＯＱＴで結果を出せたときには、技術的にもメンタル的にも成長できたのではないか、一皮むけたのではないかと感じました。自分で自分を褒めたい気持ちもあります。

もちろん、完璧だったわけではありません。忘れもしないハンガリー戦の第4クォーターの残り24秒、2点ビハインドの場面です。私が放った3ポイントシュートが外れました。リングに当たりもしない、いわゆる「エアボール」です。それについては今も悔しい思いを持っています。

それでも最大13点のリードから逆転されたタフなゲームで、同点に追いつくシュートを決めたし、エアボールをする前には3ポイントシュートも決めています。だから逆転を狙った3ポイントシュートに躊躇はありませんでした。決められると思って打ったシュートです。あの場面は、私自身がタフな状況から逃げずに戦えたという成長の証だと思っています。

結果としてエアボールになって、チームも負けてしまったことはめちゃくちゃ悔しかったし、責任も感じました。それこそホテルに帰ってからもずっと、吉田さんや本橋さんに「あのシュート、どうだったかな?」「どうしたら良かったと思う?」と聞いていました。あまりにしつこく同じことを聞いていたので、さすがに二人も「うるさい」と返してきました。それでも気が済むまで思っていることを言わせてくれた二人には感謝していています。吉田さんと本橋さんがいてくれて、本当に心強かったです。

憧れに確信を持ったとき

これまで何度も名前を挙げた吉田亜沙美さんを、このOQTでも挙げさせてください。吉田さんがパリ2024オリンピックを目指すタイミングで現役復帰し、女子日本代表にも帰ってきてくれたことは、私にとってはライバルが増えること以上に心強さを感じることでした。

というのも、吉田さんがENEOSを引退してからずっと、私は若い子たちとばかりバスケットをしてきました。それが私にとっての成長につながったことは間違いありません。ただ、女子日本代表で吉田さんと一緒にプレーができたことで、ENEOSに入団した年から3年間くらいの新鮮な気持ちがまた湧き上がってきたのです。

どこか「妹気質」のある私ですから、先輩とバスケットをするのってこういう感覚だよなと懐かしくもうれしい気持ちになったのです。当時、先輩だからこそ見せられた自分の弱さを、今の後輩たちには見せられません。そんな姿を見せるのは申し訳ないと、どこかで抑え込んできたところがあります。その気持ちをまた、この人になら見せてもいいと思える吉田さんの復帰で解放することができました。それが私の気持ちを軽くさせたのです。

それでいて私自身はプレーヤーとして当時よりも成長していて、OQTでは私がスタメンのポイントガードとして出て、吉田さんが私をバックアップしてくれていました。ゲームのどの場面で出されても、私自身が自分の力を出し切って結果につなげること。それは、吉田さんから教わったことです。それを36歳になった吉田さんが今なお実践しているところに感動を覚えたのです。しかも日本代表の正ポイントガードを長年担ってきた人が、何年かのブランクを経て戻ってきて、バックアップとしてチームメイトを支える。そんなチームに貢献する姿にも感動したし、改めて、「この人を見て、育ってきてよかったな」と強く思いました。

そんな日本代表での日々を経て、パリ2024オリンピックの最終メンバー選考合宿を迎えました。

吉田さんや本橋さんらに助けられながら、自分の成長をも実感して勝ち取ったパリ2024オリンピックの出場権です。絶対に最終メンバーに入りたいし、パリにも行きたいと思っていました。

ただメンバー選考はさらに熾烈を極めました。吉田さんたちだけでなく、町田さんも戻ってきましたし、若手も山本だけでなく、デンソーの木村亜美などが着実に力をつけているのを感じました。私としては、不安しかありません。

それでもメンバーに入りたいという気持ちだけが先走ってしまわないよう、自分の身体と気持ちのバランスをきちんと整えて合宿を過ごしました。そのうえで結果として最終メンバーに選ばれて、パリに行けたらいい。先走ることなく、目の前のことを一つひとつクリアしていくことが大切だと思っていたのです。

少しずつ積み上げてきた自信

Wリーグに10年以上も在籍させてもらって、しかも歴代の先輩たちがつくり上げてきた「女王」とも呼ばれるチームで生き残ろうと思えば、何かしらずば抜けた力を持っていないといけません。それを得るための努力は欠かせないと思っています。

それが日本代表ともなれば、日本のなかでさらにトップクラスの選手たちが集まってくるのですからなおさらです。ピラミッドの頂上付近で争うようなものです。Wリーグ以上にずば抜けた力が求められます。町田さんだったらパス、本橋さんや山本だったらシュート。私にとってのそれはスピードです。

なかには、「バスケットでスピードってそんなに必要なの？」と思っている人たちもいるようです。スピードよりもテクニックのほうが大事だろうとか、スピードよりもシュート力があったほうがいいと思う人はいるのです。

でも、私はみんなと違う武器を持っていることを誇りに思っているし、私が持っている力がチームを救うと信じています。テクニックやシュート力が足りないと判断されたとしても、チームの流れを絶対に良くするという気持ちだけは誰にも負けません。その意味で言えば、私が最も自信を持っているのはスピードよりも、そうした気持ちの強さだと言っていいかもしれません。

日本代表では当初はシックスマンとして起用されることが多かった私ですが、ENEOSでも最初の7年間はずっとシックスマンでした。その歩みはけっして順風満帆ではありませんでしたが、だからこそ、日本代表に選ばれたときに初めて、それまでの7年間をシックスマンで過ごせて良かったと思えたものです。

バスケットはサッカーや野球と違って、個々のファウルの累積回数が5回に達しない限り、何度でもコートに立てます。しかし途中からコートに入っても、すぐにパフォーマンスを発揮できるとは限りません。良い流れに素早く乗れるかどうか、あるいは悪い流れを素早く断つ働きができるかどうか、それをチームメイトとともにつくり上げていく必要があります。それがシックスマンに求められる役割です。

試合の途中から出る大切さと難しさについては、日本代表のなかでは私が一番わかっていると思います。7年もの間、吉田さんの下でずっと教えてもらってきましたから。吉田さんの後に出るときは、たいてい流れが良く、かつ大量リードしていることが多いので、流れをさらに加速させる、あるいはその流れを保つことは比較的簡単です。しかし、経験不足も手伝って、良かった流れを悪くしてしまうこともありました。流れを悪くして、それを立て直してくれる先輩たちを目の当たりにしてきたからこそ、余計に試合の途中から出る選手が大事なのだと知ることができました。

所属チームではスタメンで起用されている中心選手が、日本代表では試合の途中から出るとなったとき、なかには「私、スタメンじゃないんだ……」と思ってしまう選手もいると思います。少なくとも私は、スタメンじゃないからと落ち込むことはなかったし、むしろベンチから出て「絶対に流れを変えてやろう」という気持ちで試合に臨めていました。

チームの流れが良かったら出番を待つだけだし、流れが悪くても「来いよ、来いよ。いつでも行けるよ」と思いながら待っているタイプです。これから、そういう選手がもっと増えてほしいなと思います。

ENEOSに入ってからここまで、苦しいことしかありませんでした。今でこそスタメンとして起用されていますが、そこに至るまでは徐々にステップアップしてきたという感じです。つい焦ってしまいがちですが、自分のプレースタイルを見失うことなくコツコツと練習を重ねていれば、チャンスは来ると思います。

今の時代、スタメンだからといって毎試合、40分間ずっと活躍できるわけではありません。途中出場で、合計10分間のプレータイムでも活躍することはできます。

たとえば、女子日本代表の前ヘッドコーチである恩塚さんのバスケットは、前述のとおりタイムシェアを基本としています。ガードはたいてい2、3人いますから、単純に割れば13、14分くらいでしょうか。実際に2023年のアジアカップでは、平均14分くらいしか出ていません。それでも、その時間のなかで自分の最高のパフォーマンスを出してチームを勝利に導くことができたら、めちゃくちゃかっこいいですよね。

どのタイミングでコートに立つにしても、最高のパフォーマンスを発揮して、チーム

2021年
東京2020オリンピック

2022年
FIBA女子ワールドカップ

2023年
FIBA女子アジアカップ

2023年
アジア競技大会

2024年
パリ2024オリンピック世界最終予選

2024年
パリ2024オリンピック

東京2020オリンピック以降、休むことなく走り続けてきた。
その間に少しずつ積み重ねてきた自信が、現在の“宮崎”をつくったが勝って、みんなで「やったー！」と喜び合うことが何よりも楽しいです。ＥＮＥＯＳとは違うチームで、しかもアジアや世界の強豪国を相手に、いつもとは異なるチームスタイルで戦う経験は、改めてバスケットって楽しいな、おもしろいなと思わせてくれるものです。

こんな私が日本代表に選ばれるなんて、しかも最近ではスタメン起用までされるなんて、今も不思議な気持ちです。不思議だと思うのと同時に、ここまで来ることは簡単ではなかったから、自分でも成長しているなと最近、強く感じます。しかもそれを手助けしてくれているコーチやスタッフ、チームメイトがたくさんいます。まるで小学生のときのように、バスケットは楽しいなと思っています。

第 6 章

“今”だからこそ見える景色 ～未来へ～

気づいたらＥＮＥＯＳで10年

２０２３－24シーズンは、私がＥＮＥＯＳに入団して10年目のシーズンでした。チームには、渡嘉敷来夢さんや岡本彩也花さんがいたので、私自身はベテランというより、まだまだ中堅だと認識しています。後輩たちから「ユラさんは22歳ぐらいに見える」と言われて、それが見た目のことなのか中身のことなのかはわかりませんが……。

小学三年生でバスケットを始めたときは、そのころはＪＯＭＯという社名だった憧れのチームの選手になって、女子日本代表に選ばれるなんて、想像もしていませんでした。しかもオリンピックに出場し、メダリストになるなんて、想像どころか妄想すらしていませんでした。オリンピックに関しては二大会連続で出場し、二度目なんてスタメンですから、自分の人生であるにも関わらずもはや身体が震えてきます。

もちろん、幼心に淡い夢を思い描くことはあったかもしれません。寝る前にはビデオで、吉田亜沙美さんの東京成徳大学高校（東京都）時代や、彼女がＪＯＭＯ一年目だったときのプレーをよく見ていました。「すごいなぁ。おもしろいプレーをするなぁ」と感じながら、「私もいつかこの（ＪＯＭＯの）黄色と緑のユニフォームを着てみたいなー」

と思っていました。でも「絶対にJOMOの選手になる!」といった強い意志はありません。今も多くの女の子たちがWリーグのチームや選手に憧れを抱くように、小中学生のときの私は普通の女の子だったのです。

ですから、聖カタリナ女子高校(現聖カタリナ学園高校、愛媛県)に進学して、JX-ENEOS(現ENEOS)からオファーをいただいたときは、本当にびっくりしました。そんな私がさらにここまで来られるなんて……。私をここまで導いてくれた人たちには改めて感謝しかありません。

自らが生み出したプレッシャー

吉田さんと藤岡麻菜美さんが引退した翌年、つまり2020-21シーズンに私はENEOSの正ポイントガードになりました。その一年目、Wリーグのプレーオフ・ファイナルでトヨタ自動車アンテロープスに敗れて、リーグ12連覇を逃しました。翌シーズンはプレーオフ・セミファイナルで富士通レッドウェーブに敗れて、2005-06シーズン以来となるファイナル進出を逃しました。

ファイナルでトヨタ自動車に負けたときは本当に悔しかったけれど、私自身は「追われる立場」の難しさや、「追う立場」の勢いといったことを考えたことは一度もありません。常に目の前のことに必死です。目の前の試合に勝つことが大事だと思っていたので、失礼ながら相手チームに対して思うことは何もありませんでした。私がすべきことはENEOSを優勝に導くことだけで、ほかのチームの結果について考える余裕はなかったのです。

翌シーズンのセミファイナルで富士通に負けたときも、富士通に負けたとは思っていません。自分自身に負けたと思っていました。負け惜しみに聞こえるかもしれませんが、さまざまなプレッシャーに勝てなかったことが、試合に負けたこと以上に悔しかったのです。プレッシャーのなかで自分が最高のパフォーマンスを出すことができなかったことが、もっとできたはずなのにその力を出せなかったことが、本当に腹立たしかったです。そんな自分の不甲斐なさを責めました。

私が感じていたのは、正ポイントガードになってENEOSを優勝に導かなければというプレッシャーだけではありません。吉田さんと藤岡さんは引退し、宮澤夕貴さんと大沼美琴さんは移籍していきます。チームの中心にいた選手たちが次々と引退、移籍を決めていくなか、どうしても「ENEOS、大丈夫？」という声が耳や目に入ってきます。それがプレッシャーになっていました。

「は？　大丈夫だわ」。いつも通りの強気でそんな声を跳ねのける私もいましたが、そう思われるのも仕方ないと認めたうえで、「やっぱりENEOSは強いよね」とファンの方々には思ってもらいたかったのです。「それでもENEOSには宮崎と渡嘉敷がいるからね」と、話題の最前線にいたかったのです。

自分勝手に思い描いたそんな妄想がプレッシャーになっていました。実際にそのプレッシャーに押しつぶされる自分の不甲斐なさのせいで、チームとしての目標に達することができませんでした。チームメイトやファンの方々には申し訳ないと今でも思っています。

負ければ、なおのこと周囲からは「やはりポイントガードが宮崎だと、山本（麻衣）や安間（志織）、町田（瑠唯）には敵わないんだな」と思われてしまいます。実際にファンの方がそう思われたかどうかはわかりませんが、少なくとも私はそんなネガティブな妄想にも取りつかれていました。ですから、確かに実力的にはそうかもしれないけれど、結果として彼女たちに負けたことよりも、そんな妄想に苛まれる自分自身を何よりも不快に感じていたのです。

そうしたネガティブな感覚は昔から持っていたように思います。相手がどうこうというのではなく、すべては自分の問題だと思ってしまうのです。勝ち負けが怖くなって不安を感じているのは、ほかならぬこの私です。相手に対して脅威や不安を感じることはありませんでした。

「渡嘉敷さんにパスを入れられなかったらどうしよう？」

「勝てなかったら、『やっぱり宮崎じゃ無理なんだよ』と言われるな」

起こってもいないことを考えすぎていました。

心を軽くしてくれたメンターの存在

それを払拭できたのが、2022－23シーズンでした。勝敗の責任はポイントガードにあるといわれます。二年連続でリーグ制覇を逃した悔しさと、ゼロからのリスタートに奮い立ったそのシーズン。二年ぶりにプレーオフ・ファイナルへ進出し、トヨタ自動車と対戦しました。負けからのスタートになりましたが、第2戦は勝って1勝1敗。最終戦となる第3戦では、ダブルオーバータイムの末にトヨタ自動車を振り切り、優勝を勝ち取りました。私が正ポイントガードになって初めてのリーグ優勝です。

私にスイッチを入れてくれるものがあります。
それは、ＥＮＥＯＳサンフラワーズが紡いできた歴史です。

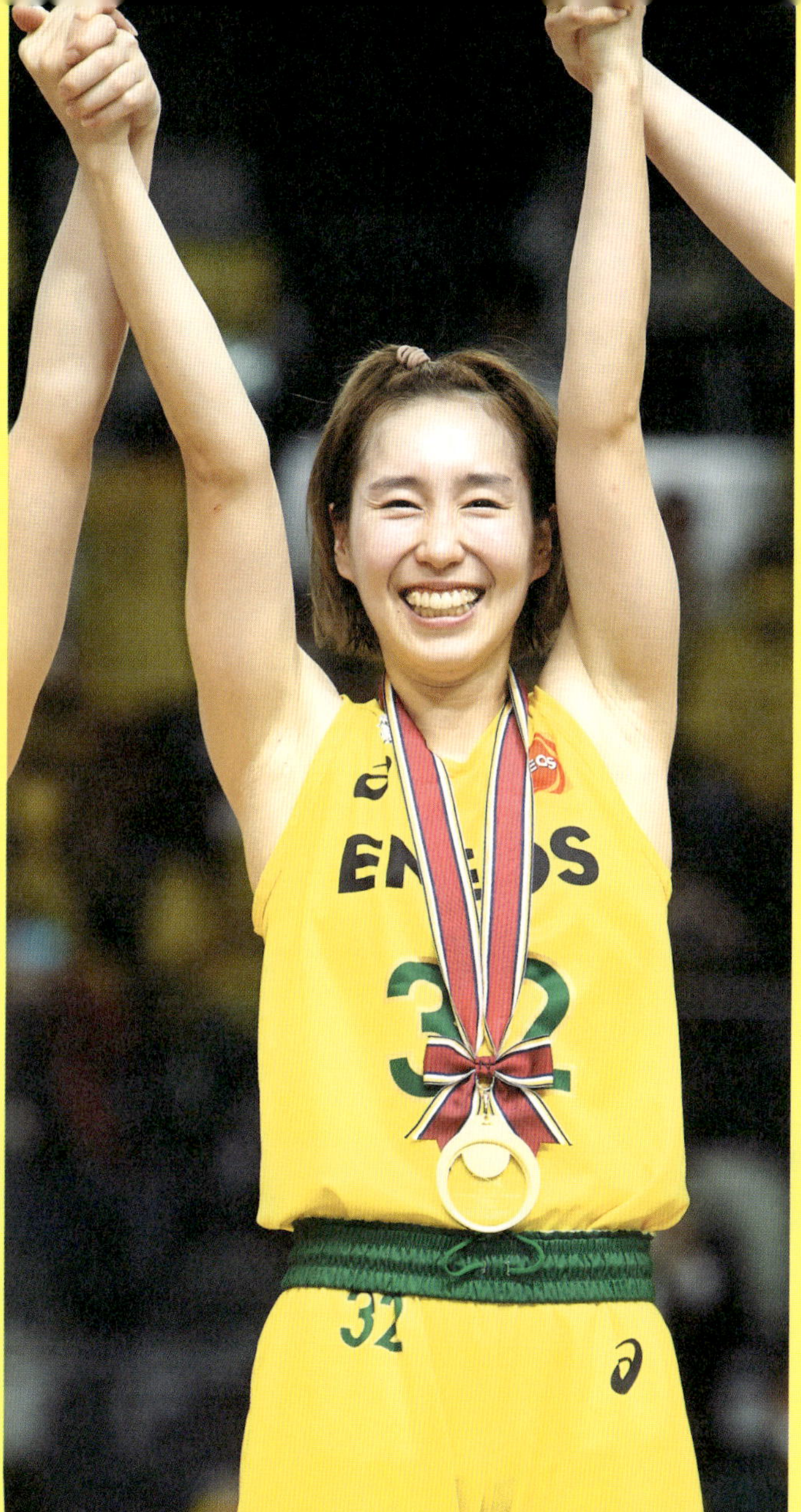

2014-2020 JX-ENEOS
2020～ ENEOS

自分が満足するかどうかを計るとき、
目安にする理想像みたいなものはあります。

プレッシャーやストレスはありますが、
それさえも成長の糧になるのが
ＥＮＥＯＳというチームの素晴らしさなのです。

どんな起用法であれ、
私は求められるとそれに応えようとするタイプです。

ENEOS

ＥＮＥＯＳを、女子日本代表を勝たせるポイントガードになりたい。

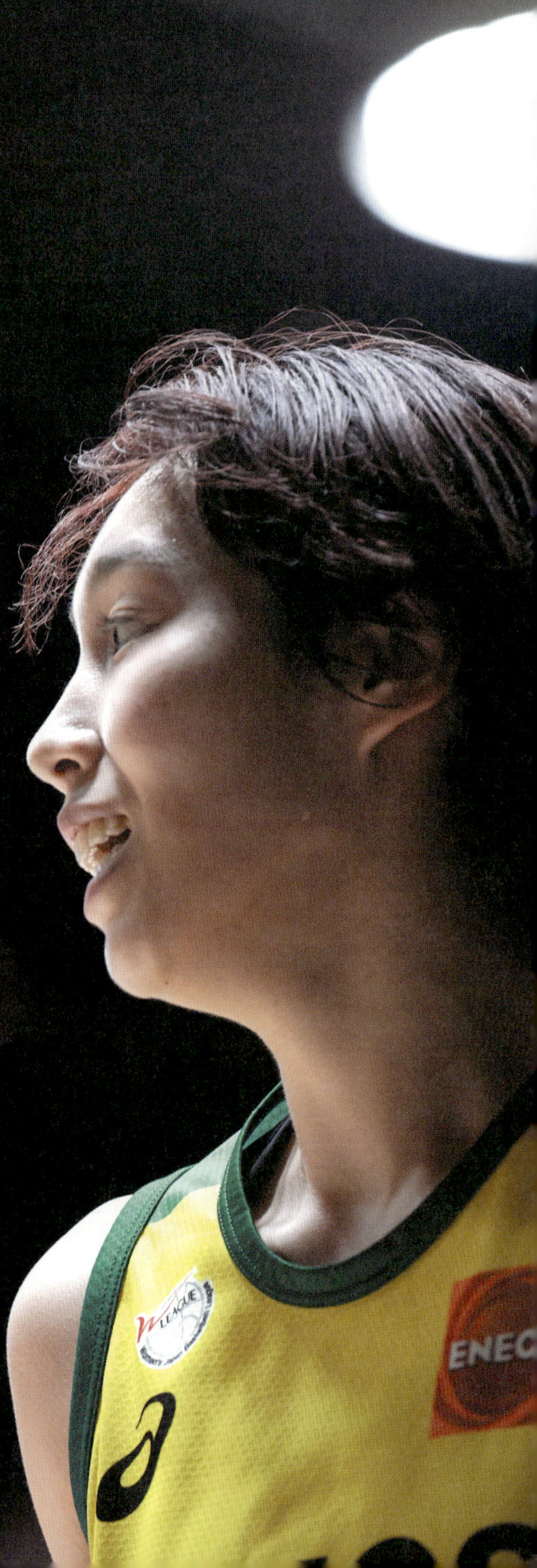

「短い時間で結果を出す」ことに関しては、
ENEOSで7年間、ずっと経験してきました。
先輩たちの後に出ていって、1分、2分のプレータイム
で結果を求められてきました。
若いころは「こんな短時間で何ができるんだよ」と、
心のなかで毒づいたこともありましたが、
それを経て、今があります。私は7年間、その「数分」を
積み上げてここまで来たのです。

そのシーズンは「私はできる」という自信が最後までブレませんでした。どんなに苦しくても、最後まで「勝ちにいく」という気持ちだけは負けないようにしよう。そんな自分を信じられたからこそ、チームメイトをさらに強く信じられるようになったし、チームの一体感を改めて感じることができたのです。

それまでもチームメイトを信じていなかったわけではありません。私が自分自身のことを信じられないことで不安が先行していたのです。それが無駄な経験だったとは思いません。むしろそうした苦い思い、苦い経験をした後だったので、最後まで自分の仕事をまっとうすることが自信を持つことにつながりました。チームのみんなも、そうした意識で戦っている私を見て、「ユラがチームを助けてくれた」と少しは思ってくれたと思うし、それを感じることによって、これまで以上に強い一体感を得られたと思います。その一体感がより一層私に強い自信を持たせてくれ、私はその自信を最後まで貫き通すことができました。

それまでは独りよがりだったような気がします。自信を持つことの意味を履き違えていたのかもしれません。

前述しましたが、どちらかといえば言われたことがスムーズにできる私は、若い選手たちができないことに「何でできないの？」と、苛立つことが多かったのです。「何で？」の矛先を相手に向けていると、それは自分に跳ね返ってきます。できると思っていた自分自身の心さえ乱れ始めて、プレーに悪影響を及ぼしていくのです。

優勝の座を取り戻した2022-23シーズンは、シーズンを通して、チームメイトに対して「何でできないの？」とは一度も思いませんでした。その分、自分にも優しくなれた気がします。それまで、優勝するためには一つのミスも許されない、ミスが起こると「もうダメだ」と思ってしまうほどの完璧主義だったのですが、それをやめることで自分自身も楽になれました。

それについては、前述の友人の言葉とともに、いわゆるメンターと呼ばれる人とも話をしながら答えを見つけていったことが一つの転機です。個人的なつながりから紹介していただいたのですが、バスケットのことはまったく知らない人です。ですから私もためらうことなく、自分の気持ちをすべてを吐き出すことができました。

たまに一緒に食事をし、試合に来てくださることもあって、私のことを気に掛けてくださいます。その人は心理学に精通していて、心に溜まっている不安は自分のなかに何かしらの原因があることを教えてくださいます。そして、自分の気持ちをはっきりと区別していくようにとアドバイスをくれました。

この気持ちはこのグループ、この気持ちはこっちのグループといった感じで、湧き上がってくる気持ちをグループ別に区別していくのです。すると、心がすごく楽になりました。２０２２－23シーズンは、心が楽になったことで、良い意味でプレーも軽くなったような気がします。

苦しいときの私は家族にも頼りません。大変なときに「お母さん、聞いてよ～」と甘えるタイプではないのです。恥ずかしくてできません。話そうと思えば話すこともできるし、家族も聞いてくれると思います。でも、私の苦しみを聞いた家族が苦しい思いをしたら嫌だなと思うので、家族には甘えられないのです。その分、すべてを打ち明けられる人と出会って話せたことはすごくよかったです。

楽になるだけでなく、人としても勉強になりました。そうした頼れる存在がいることはいいなと思いますし、何より私自身がより私らしく、楽しく生きていられると思っています。楽しく生きられると、ますます笑顔になれます。

周囲の人からはよく「早織のことを助けてくれる人がたくさんいるのは、あんたの人柄だろうね～」と言われます。メンターの人も含めて本当に多くの人が周りにいてくれることで、私は助けられているのです。

10年目にして初のキャプテン就任

優勝の座を取り戻した翌シーズン、つまり私にとって10年目となる2023－24シーズンに、私はキャプテンに就任しました。人生初のキャプテンです。高校のときにキャプテンの背番号ともいうべき「4番」をつけていましたが、実際にはチームキャプテンはほかにいて、私はコート上でのキャプテン、いわゆるゲームキャプテンでした。限定ではないキャプテンは初めてです。

これは「サクさん」こと佐久本智監督からの指名です。在籍歴も長くなってきましたし、「了解でーす」とすんなり受け入れました。渡嘉敷さんや岡本さん、長岡萌映子さんといった〝お姉さん〟たちもいましたし、キャプテンだからと何か特別なことをするわけではありません。あくまでも私は私。宮崎早織のままで、キャプテンを引き受けることにしたのです。

ただ、まったく何も変えなかったわけではありません。意識的に変えたのは、後輩たちに積極的に声を掛けることです。前にも書きましたが、私はけっして誰にでも社交的というわけではありません。みんなと笑い合っていたいという思いは常に持っていますが、特に後輩には「気を遣わせたら悪いな」という思いが先行しすぎて積極的に話しかけることがなかったのです。

でも２０２３－24シーズンは、特にコートに入ったときに積極的に声を掛けるようにしました。経験豊富な先輩たちも、ずっと試合に出ていられるわけではありません。若い子たちの力も借りて戦わなければなりませんが、若い子たちはまだまだ経験が少ないわけです。

「今日の調子はどう？」

「緊張してない？」

「今日、すべきことは何？」

「ティム（・ルイス ヘッドコーチ）さんからこう言われているから、ここに気をつけて頑張ろうね」

そんなふうに声を掛けるよう心掛けました。試合に入ると、あまりの緊張感から、若い選手はそんな言葉さえ耳に入ってこないことがあります。だからウォーミングアップのときなどに言うわけです。

それは私が10年間ENEOSにいて、多くの偉大な先輩たちを見てきたからこそできることだと思っています。先輩たちが持っていたのは「安心感」でした。たとえば、吉田さんはコートに立っている姿を見るだけで、宮澤さんは常に言葉で、安心感を与えてくれていました。

そうした先輩たちの姿を間近で見てきて、私もそんな存在になりたいと思いました。私がコートに立つことで、声を掛けることで、みんなが少しでも落ち着いてくれたらと思ったのです。

それはキャプテンだからというよりも、人としての理想像かもしれません。常に若い子たちに頼ってもらえる存在でいたいなと思いますし、試合前に緊張したり、不安がったりしている彼女たちを見ているとまるで昔の自分を見ているようで、言葉が適切かどうかはわかりませんが、かわいいなと思ってしまいます。かつて私がそんな状態のときに、ENEOSには声を掛けてくれる先輩たちがいました。

そうした先輩たちのおかげで今の私があるからこそ、10年を機に私もそうしたことをみんなに伝えていきたいと思っています。

ティムさんについて

前項でお気づきと思いますが、２０２３‐24シーズンからヘッドコーチが代わりました。ティモシー・チャールズ・ルイスさんです。私たちは親しみを込めて「ティムさん」と呼んでいます

ティムさんはイギリス出身で、ＮＢＡなどでコーチ経験があります。日本では２０１３‐14シーズン、私がＥＮＥＯＳ（当時はＪＸ‐ＥＮＥＯＳ）に入団する前年に、日立サンロッカーズ（現サンロッカーズ渋谷）のヘッドコーチをしていました。

けっして饒舌ではなく、感情を激しく出すタイプでもありません。もちろん言うべきことははっきりと言ってくれますが、どちらかといえば個人を呼んで、「ユラ、こうしてほしいな」というタイプのヘッドコーチです。

その分、選手たちのことをよく見てくれています。彼がチームに合流したのはシーズン開幕の直前でしたが、選手個々のことをしっかりと把握していました。選手に対する先入観もなく、一人ひとりにきちんと向き合ってくれていました。だから私としては話しやすかったし、相談もしやすかったです。あまり激しく怒らないからこそ、逆に怖い

と感じることもありますが、それさえも楽しいと思っていたほどです。

一般的に、新しいヘッドコーチを迎えたシーズンは、チームづくりが難航するといわれます。しかも、それが開幕直前の合流ともなれば余計に「大変じゃない？」と聞いてくる友人もいました。

もちろん、簡単なことではありません。だからといって難しいと思ったこともありません。

むしろ私のほうから積極的にティムさんとコミュニケーションを取って、個々の選手の特徴――プレースタイルというよりも選手のパーソナルなところ。たとえば「この選手は日々の気持ちの浮き沈みがあるから、毎日一回でもいいので声を掛けてあげてね」といったこと――を伝えていたのです。

キャプテンだからではありません。もっと純粋な理由です。新しいヘッドコーチを迎えるにあたって、ＥＮＥＯＳをより良いチームにしたいという思いから積極的に動いたのです。ティムさん自身は久々の来日で、しかもＷリーグのチームを指揮するのも初めてだから、わからないことが多いのではないか。そのうえＥＮＥＯＳには個性の強い選手が多く、その集合体で日本の女子バスケット界をリードしてきた自負もあります。そんなチームが、ここ数年で激しい新陳代謝を迎えて若返ろうとしています。映像や資料だけではわからない選手たちのより詳しいところを知ってほしいと思ったのです。

私自身がより良いチームになるために「若い子たちを信じてあげよう」と思ったのと同じように、ティムさんにも私から歩み寄って、「私はあなたと信頼関係を持ってプレーしたいのです」と伝えるべきだと考えました。そうした姿勢をキャプテンシーというのであれば、そうかもしれません。

富士通やデンソーアイリスを見ても、近年、外国籍のヘッドコーチがそれぞれのチームを強くしています。外国籍のコーチだから強い、日本人のコーチだから弱いと言いたいわけではありません。外国籍のコーチがWリーグに参戦してきて、日本の女子バスケット界に世界的なバスケットの考え方がどんどん入ってきているのが現実です。

以前であれば、選手の強い意志がコーチの戦略・戦術を上回るほど勝敗を左右できるときもあったように思います。でも近年はそれに加えて、やはりヘッドコーチの見識、つまりはより高度な戦略・戦術も求められるようになったのではないかと感じるのです。Wリーグそのものが次のレベルへと上がろうとしている時期ではないかと思うからこそ、ENEOSがより良いチームをつくるうえでティムさんの加入は大きいですし、いち早く信頼関係を築くべきだと思ったのです。

ティムさんもまた、朝早くに体育館に来て、スタッフルームでずっと試合の映像を見ていました。そんな姿を見ていると、ティムさんも一体感のあるチームをつくりたがっているのだろうと感じました。これまで勝つことを第一義に努力を重ねてきたENEOSに対して、もちろん勝つこと、優勝することが一番の目標だけれども、チームで戦うことの大切さを改めて教えてくれたような気がします。

私自身も、ティムさんのチームづくりやほかのチームの変化、また日本代表での国際大会の経験などを通じて、もはやチームで戦わなければ勝てない時代になってきているのだと強く感じています。

そのことは2023-24シーズンのファイナルで改めて感じました。富士通を優勝に導いた宮澤夕貴さんを見ていて、「そうだよね、アースさん（宮澤選手のコートネーム）もチームで戦うチームをつくるよね」と思いました。デンソーの馬瓜エブリンもそうです。以前のエブリンだったら、どちらかといえば自分さえ良ければいいという感覚のほうが上回っていたように思います。でも一年間の休養を経て、チームを誰よりも鼓舞し続けて、後輩たちが攻めやすいように「いいよ、いいよ。どんどん打っていこうぜ」みたいな声掛けをしていました。誰もが意見を言い合えるような環境を、ヘッドコーチとともにチームのリーダーがつくっていく姿を見て、すごくかっこいいと思ったのです。私自身もENEOSをそういうチームにしたいと心から思ったし、そう導ける選手になりたいと思ったのです。そのシーズンはチームとして負けた悔しさよりも、宮澤さんやエブリンが、私が思い描いているチームを先につくって、そのうえで富士通のリーグ戦優勝、デンソーの皇后杯優勝につなげたことが悔しかったです。

一方で、ENEOSで優勝経験のある宮澤さんやトヨタ自動車で優勝経験のあるエブリンが、勝負どころでの経験を持って、なおかつチームで戦うことの強さを伝えていったときに、それぞれのチームが驚くほど輝いていくことを強く感じました。それは私が思い描いているチームづくりが間違いではないんだなと、気づかせてくれるものでもありました。

ポイントガードとしてのステップアップ

ティムさんとの出会いは、私がポイントガードとして大きく成長するための扉をまた一つ開けてくれたようにも思います。

ポイントガードには「ゲームを組み立てる」という役割があります。吉田さんがENEOSのポイントガードだったころは、吉田さんがその役割を一手に担っていました。私にはまだその力がありません。

当時のヘッドコーチだった佐藤清美さんや梅嵜英毅さん（現アイシンウィングスヘッドコーチ）は、どちらかといえば、コート上の選手たちに委ねるタイプでした。ほかのチームと比べても、ヘッドコーチから何かしらの指示が飛ぶことは少なかったように思います。もちろんそれは普段の練習からしっかりとコミュニケーションが取れていて、コーチ陣とポイントガードとが深いところまで戦略・戦術の共通認識を持てていたからでもあります。それを実際の試合でも吉田さんがうまくコントロールしていたのでしょう。

しかし、私がENEOSの正ポイントガードになってからは、周りの選手から「ユラ、次は何するの？」と聞かれたり、聞かれないまでも目で訴えられたりすると、指示を出すよりも前に私自身が不安になっていました。ポイントガードの私が不安になれば、周りにもそれが伝わってしまいます。

ティムさんがそれを察知していたのかどうかはわかりません。でもこれまでのヘッドコーチとは異なり、彼はベンチから積極的に指示を出してくれました。私はそれを伝えるだけでしたが、それでもプレーが成功すればうれしいし、楽しいです。「ああ、バスケットをしているな」という実感が持てました。

ティムさんが指示を出してくれるといっても、その多くは「プッシュ、プッシュ」、つまりは「走れ、走れ」です。ENEOSの基本ともいうべき速いバスケットには変わりありません。それでもポイントガードとして考えるべきことをティムさんから学ぶことができましたし、それは私にとって貴重な経験でした。自分もいつかは吉田さんたちのように自分でゲームを組み立てられればいいなと思うきっかけにもなりました。

負けても得られた変化の兆し

2023-24シーズンの結果を改めて記しておきます。ENEOSは無冠に終わりました。2007-08シーズン以来、16年ぶりの無冠です。

もちろん結果への悔しさはあります。一方で、負け惜しみではなく、チームとしての成長を感じられたシーズンになったと思うのです。悔しいですよ。本当に。でもそれ以上にチームとしても、私自身としても、良い経験ができたとも思っているのです。

皇后杯のときはまだ「負けたらどうしよう」「負けたら自分の価値が下がるんじゃないか」といったプレッシャーを自分にかけていたように思います。そして実際に負けたことで、改めて勝つことの難しさ、負けることの悔しさを知ることができました。

また、今までは負けたときに相手を見ることもなく、自分にだけ矢印（ベクトル）を向けていました。でも皇后杯のときは、ベクトルの向きこそ自分に向けていたものの、勝って喜んでいるデンソーの選手たちを見られるようになったのです。これまで自分がずっと見てきた優勝とは異なる景色をベンチから見たとき、「ほかのチームが優勝した姿ってこういうものなのか」と感じることできて、やはり「優勝って素晴らしい瞬間なんだ。私もまたその瞬間を味わいたい」と強く思わせてくれたのです。

それもまた自分がチームのことを一番に考えられるようになったからだと思います。若いころは、自分の活躍が一番大事だったし，自分がシュートを決めたり、良いプレーをすればそれだけで満足でした。それが年齢的に中堅になって、しかもキャプテンになったことで、自分が活躍しようがしまいが、シュートを決めようが外そうが、自分のプレーに関係なく「周りを引っ張っていかなければいけない」「声を掛け続けなきゃいけない」とそう思うようになったのです。チームという観点から自分のプレーに責任を持てたシーズンだったのかなと思います。

もちろん自らの個性を殺して、チームにだけ身を捧げたというほどの強い意識はありません。

バスケットを始めてから今まで、私は「楽しく笑顔でプレーする」ことをモットーにしてきました。それだけは2023－24シーズンもブレることなく、プレーしました。チームのことを考えながらも、「自分にとってのバスケットって何なんだろう」と考えたときに、どんな状況でも、まずは楽しくコートの上で走り続けようと思ったのです。楽しく走り回って、先輩も後輩もみんなを巻き込んで、チームってこういうものだよと、一人ひとりに感じてもらえるよう表現できたのではないかと思っています。

それは、プレーヤーとしてというよりも、一人の女性としてどうあるべきかにも関係しているように思います。

どのチームを見ても、素晴らしい選手がたくさんいます。そのなかで私は「バスケットの魅力を多くの人に知ってもらいたい」と思っているからこそ、まずは自分自身が楽しんでプレーし、それを後輩たちに感じてもらったうえでチームとして助け合うことが、結果として優勝につながるのではないかと考えたのです。

私としては「宮崎早織さんみたいになりたい」と思ってくれる若い子が増えたらいいなと思っています。ただ、ここが表現の難しいところで、自分が主役になりたいわけではありません。矛盾しているかもしれませんが、自分がというよりも、やはり、まずはチームで勝ちたいというのが先です。バスケットボールはチーム競技ですから、一人だけではどうにもできません。「やっぱり宮崎だよね」と思われるよりも「ENEOSは魅力のあるチームに変わったよね」と思われたいのです。このニュアンスというか、私の思いがうまく伝わってほしいのですが。

私が入団したときと変わらず、ENEOSには常に勝ちにこだわる選手が多くいます。だからこそ、「『勝つことに貪欲』とはこういうことだよ」と、多くの若い子たちに知ってもらいたいのです。

外国籍のコーチが増えてきたという話もそうですが、最近は世界中から情報がたくさん入ってきて、ワークアウトの種類も増えてきています。高校バスケットなどを見ても、すごく上手な子たちばかりです。ただ、私がバスケットをしていて一番楽しいと思う瞬間は、頑張ってルーズボールを追いかけているときであり、「チームやチームメイトを助ける」という思いがプレーに表れたときです。その代表格が渡嘉敷さんのブロックショットです。見た目の派手さや豪快さだけでなく、そうした熱い心や魂みたいなものが込められたプレーなのです。

私自身はそこを「楽しそうにコートを走り回る」姿で伝えたいし、若い選手たちにも見てほしいです。楽しんでいる心やチームを助けるんだといった熱い魂は目に見えるものではありません。その目に見えないものに全力を傾けるところを見てもらいたいのです。

そしてそれをチームとして一番体現しているのが、WリーグのなかではENEOSではないかと、私は本気でそう思っています。そこに魅力を感じてほしいのです。

"女王"ENEOSを支える執着心

そうした考えを持つようになったのは、やはりENEOSに入ってからです。吉田さんと岡本さんが、私からすれば「意味がわからない」と思うほど、ボールへの執着心を強く見せていました。ルーズボールやリバウンドなど、どちらのチームも保持していないボールを「マイボール」にするという姿勢に、バスケットは技術や体力だけのスポーツではないと気づかされたのです。むしろそれは技術がなくてもできることです。そうしたプレーを、強度とレベルの高い戦術を遂行しながら、無意識かつ確実にやっている選手はめちゃくちゃかっこいいなと思うようになりました。

しかも私が入団した時点で、ENEOSはWリーグを6連覇していました。日本一の選手たちがそうした泥臭いプレーを普通にやっているのです。とんでもないところに来てしまったと思いましたが、今では、姉の言葉を信じてENEOSにして良かったと思います。練習でもルーズボールに全力を傾ける選手やチームを初めて目の当たりにし、しかもコーチに言われたからではなく、チームが勝つために選手が主体的にルーズボールに飛び込み、それを得点につなげる――そういうチームだからこそ、ENEOSは勝つのです。

ENEOSにも、苦しい時間帯はあります。その苦しい時間帯にルーズボールやリバウンドで頑張っている姿をベンチから見ると、「みんなで我慢できているな」と思うからこそ、たとえその時点で負けていても不安や焦りはありません。その不安や焦りのない気持ちが悪い流れを早めに断ち切り、自分たちの流れを取り戻すことにつながるのです。

ENEOSは昔から、「タレントも揃っているし、優勝して当たり前」と思われがちです。でも、勝つには勝つなりの準備を選手一人ひとりがしています。当時は常に連覇へのプレッシャーを感じながら、練習中からピリピリした空気の中でプレーをしていました。それを間近で見てきたから、そんな先輩たちと一緒にプレーできることがすごく楽しかったのです。今はリーグの頂点には立っていませんが、これからもＥＮＥＯＳが紡いできたメンタリティーを、後輩たちにどんどん伝えていきたいと思っています。

信頼を裏切らない、日本代表としての覚悟

第5章で記したとおり、２０２４年2月に行われたＯＱＴを勝ち抜き、バスケットボール女子日本代表は、３大会連続のオリンピック出場を決めました。私たちが次に目指すのは、東京２０２０オリンピック以上の結果をつかみ取ることでした。簡単なことではないとわかっていましたが、無理だとも思っていなかったし、逃げ出すつもりもありませんでした。周囲はいろんなことを言いますが、過度なプレッシャーもありません。ＯＱＴでは世界ランキングの上位チームに勝ちましたが、世界での結果だけを見たら、２０２２年のワールドカップやアジアカップでは連覇を逃すなど、いろいろと言われることは仕方のないことです。むしろ、それだけ注目してもらっていることに感謝してい

ました。

私は、コートに立っている以上は勝つことに貪欲になるし、私を起用してくれるのであれば、それがどんな起用法であっても、その信頼は絶対に裏切りたくないと思っています。

もちろん、その覚悟は敗れたワールドカップやアジアカップ、アジア競技大会、そしてOQTでも持っていました。メンバーに選ばれた以上、どんなときでも優勝に導くだけの努力は惜しまなかったつもりです。それは、パリ2024オリンピックでも変わることはありませんでした。

何よりも、パリではワールドカップの借りを返したかったのです。ワールドカップではスタメンで出してもらいながら、結果を出すことができませんでしたから。

それほどまでに〝今の宮崎早織〟には自信を持っています。もちろん、まだまだ足りないところはあります。メンターに助けられていると言いながらも、練習中にうまくいかないことがあればイライラもしますし、やはりバスケットは難しいなとは思います。「今日は全然良くなかったな。どうすれば良かったんだろう?」。そう反省しながら、部屋に帰っていくことも多々あります。

ただ、そんなイライラや反省も含めて私自身にどんな未来が待っているのか、楽しみで仕方ありません。自分が努力していたら未来もどんどん明るい方向に変わっていくと、そう信じています。

まずは目の前のことを楽しむこと。そこに私自身の幸せを感じます。同時に、いろんな考えを持つ人に出会って、その人たちから、私が考えもしなかったことを教えてもらうこともまた、私にとっては幸せなのです。出会いに感謝しながらも、遊び心を忘れない私らしく、人を〝おちょくって〟いきたいと思っています。

おちょくるといっても、昔に比べたら、随分と大人になったと思いませんか？ 自分では落ち着いてきたのではないかと思うことがあります。以前はメンタル面のアップダウンがめちゃくちゃ激しかったのですが――今も多少のアップダウンはありますが――、安定した心や気持ちを保てるようになったと思います。それはENEOSで下積みといえる7年間を過ごしたからです。

もしかすると私の言動に対して、アンチの方も含めて、「ああ、宮崎、やっちまったなぁ」と、私が顔を真っ赤にして地団駄を踏む姿を見たいと思っている人もいるかもしれません。「それでこそ宮崎だよね」と笑いたい気持ちもわからなくはありませんが、私はもうそういう姿を見せたくありません。私自身も私のそんな姿を見たくありません。特に日本代表でそんなことをしたら一発退場。もうあのユニフォームを着られなくなってしまいます。周りのレベルも上がってきていますから、それくらいの危機感は常に持っています。

前述したように、私はWリーグのシーズンはENEOSで過ごして、そのオフの時期に日本代表活動をしています。それもシーズン開幕のギリギリまで。近年は、Wリーグのシーズンでも日本代表の大会が行われます。2023年のアジア競技大会がシーズン開幕の直前でしたし、パリ2024オリンピックの出場権をかけた世界最終予選はシーズン真っ只中の2024年2月にありました。そこで世界の強豪国と戦って、帰国後はまたすぐにWリーグのレギュラーシーズンが再開し、プレーオフへと突入します。

身体を休める期間が少ないのは事実です。けれども、私はピーキングという考えを持つことはありません。どこにピークを合わせようかなどと考えていたら試合には出ていられません。もちろん、決めるのはヘッドコーチですが、私は後先は考えずに常に目の前の今を全力でプレーしています。

2023-24シーズンが始まる前に、韓国で「パク・シンンジャカップ」と呼ばれる大会に、ENEOSとして参戦しました。当初は「タイムシェアしていくぞ」という話だったのに、競り合う展開になってしまったためか、気づいたら私はほとんどの時間をコートの上で過ごしていました。相手があるスポーツですから、予定通りには進みません。そう思ったら、私自身も後先なんて考えていられないのです。

そんなときでも、私は自分の身体としっかり対話をします。いくら責任のある立場になろうとも、まずは自分の身体をしっかりと労わってあげたいと思っています。

しつこいようですが、プレーにおける私の最大の持ち味はスピードです。これからも、そのスピードのあるプレーはどんどん出していきたいと思っています。そのためのトレーニングは惜しまないつもりだし、スピードのなかにフィジカルコンタクトの強さを入れるなど、プレーの質も高めていきたいと思っています。そのためには身体との対話がより大切になってくるのです。

宮崎流「引き際の美学」

引退については、最近になって考えることがあります。もうすぐそこではないかなとも思います。

今後の人生を見据えたとき、60歳まではさすがにバスケットボール選手としてプレーできないでしょう。むしろ引退した後の人生のほうが長いし、大事だともとらえています。現役選手であることにどこかで区切りをつけて、次のことも考えなければいけないと思っているのです。だから今のうちに引退後のこともしっかりと考え、学んでおきたいのです。

パリ2024オリンピック後に、芸能事務所のGATEとのマネジメント契約を発表したのもその一環です。私自身が引退した後の人生を楽しく過ごすために、バスケットに限らず、いろんな仕事をしてみたいと思ったのです。私が経験してきたことをトークショーで話したり、企業や学校などで講演ができたらいいなと思っています。

毎日、不安に苛まれてパフォーマンスが上がらないと感じている人たちの気持ちがわかる私だからこそ、「そんなこと気にしなくていいんだよ」「生きているだけでいいんだよ」と寄り添ってあげたい。そして一緒に明るく、笑い合いたい。そんな未来を思い描いています。

ただ、バスケット選手としての私のことを応援してくださるファンのみなさんのために言っておきますが、少なくとも30歳までは現役を続けます。それよりも前にチームが「宮崎はもういらない」と言えば別ですが。そう言わせない努力を続けていきます。

30歳を過ぎても選手であり続ける可能性はあります。ただ目安として、一つの区切りを考えておくことも必要だと思います。半年間のリーグ戦は、みなさんが想像する以上にしんどいものだからです。気持ちと身体が一致しなければ、高いパフォーマンスは発揮できません。そこにズレが生じ始めたらもう無理だと、私は思います。「もうちょっとやりたいな」と思ったときに、サッと身を引こうと考えています。

その後は、一年間くらいゆっくり休んでから、次の人生に進むイメージです。３人制を含めて、バスケットのプレーはしないと思います。それほどバスケットにしがみつくタイプではないし、世代交代しなきゃと思うからです。それよりも、私は一人の女性として、一人の人間として、〝自分が憧れられる人〟になりたいのです。

だからこそ今は、試行錯誤しながらも一生懸命に、大好きな人たちをおちょくりながら一緒に笑い合って、バスケットボールプレーヤー・宮崎早織としての時間を存分に楽しみます。

おわりに

パリ2024オリンピックを終え、Wリーグの新しいシーズンが始まろうとしています。2023-24シーズンは、私にとってENEOS入団10年目という区切りのシーズンでしたから、これから始まる2024-25シーズンは、新たな一歩を踏み出すシーズンと言えます。

小学三年生からバスケットを始めて20年。私は自分の才能――ここでいう才能とは「負けたくない」という気持ちと、そのために練習すること――を生かして、いくつもの扉を開けてきました。この20年間に見てきた景色は、小さいときに私の思い描いていたものではなく、むしろ思わぬ好運にも恵まれて生まれた景色です。負けたくないというがむしゃらさが、好運さえも引き寄せたのかもしれません。

そんな私もコートを離れたら一人の女性です。これまで紡いできたバスケットボール人生においても、私は、常に一人の女性であり、一人の人間であることを大切にしてきました。バスケットボール選手である前に、一人の女性として、多くの人に憧れられる存在でありたい。みんなに「ユラさん、かわいい」「おしゃれだなー」と言われたい。そんな願望をずっと心に抱いてきました。

私がSNSで発信するのは、私自身が楽しいと思うことやプライベートの写真ばかりで、バスケットに関連するものはほとんど載せません。私自身、たとえば私が憧れる人のことは、プライベートでどんな洋服を着ているのか、オフの日にどんなところに行っているのかといった、その人の〝素〟の部分を知りたいと思うからです。

もちろん、スポーツ選手は魅力のある職業です。それに夢を抱く若い人たちが多くいることは、スポーツ選手の一人として本当にうれしく思います。

同時に、私自身が心から楽しいと思うことを、心から楽しんでいる姿を見ていただくことで、バスケットボール選手としての宮崎早織だけでなく、一人の女性としての宮崎早織のことも見てもらえたらと思います。一人の女性として、人間として、楽しく生きていけることも伝えていきたいのです。

そんな私を見て「ユラさんみたいになりたい」と思ってくれる若い子が一人でも多くいたら、私はそれだけで楽しいし、うれしくなります。

思いがけず、私のこれまでをまとめる書籍のお話をいただき、さまざまなことを綴ってきましたが、最後にどうしても伝えたかったのはそのことです。

私の生き方が、みなさんの人生を爽やかにする清涼飲料のようであれば、本書を出す意味はあったのかなと思います。最後まで読んでくださって、ありがとうございました。

2024年10月吉日

宮崎　早織

ENEOS

FTM/A	FT%	F	OFF	DEF	AST	STL	BLK	TO	MIN	PTS	PPG	チーム成績
31/39	79.5%	34	9	49	94	23	6	95	649:00	163	5.62	1位
0/0	0.0%	3	0	0	1	1	0	0	8:00	2	2.00	優勝
0/0	0.0%	3	0	0	3	0	0	4	16:00	0	0.00	
8/10	80.0%	22	6	25	45	18	0	42	341:00	137	5.96	1位
2/2	100.0%	4	1	1	1	1	0	4	28:00	9	4.50	優勝
0/0	0.0%	0	0	0	1	0	0	4	13:00	0	0.00	
0/0	0.0%	3	0	1	8	3	0	3	46:00	16	4.00	
15/18	83.3%	20	5	22	33	6	3	28	250:00	70	2.59	1位
0/0	0.0%	4	1	4	4	3	1	7	29:00	3	1.50	優勝
2/2	100.0%	0	0	0	0	0	0	1	11:00	2	1.00	
1/1	100.0%	3	2	2	3	4	0	3	43:00	28	9.33	
18/25	72.0%	35	13	52	106	32	3	50	543:00	130	4.06	1位
1/2	50.0%	0	0	1	1	0	0	2	14:00	4	4.00	優勝
2/2	100.0%	1	0	0	4	1	0	1	14:00	4	4.00	
0/0	0.0%	2	2	4	1	3	0	4	24:00	6	6.00	
21/33	63.6%	30	10	25	70	20	0	27	351:57	123	5.59	1位
2/2	100.0%	1	3	1	1	1	0	1	25:00	2	1.00	優勝
0/0	0.0%	1	1	3	2	2	0	2	17:29	0	0.00	
4/8	50.0%	15	9	16	58	9	5	19	257:40	55	3.44	1位
23/26	88.5%	29	8	57	110	31	1	54	497:58	154	9.62	東1位
1/1	100.0%	6	2	4	21	5	0	7	78:27	35	17.50	準優勝
5/5	100.0%	7	1	7	17	4	0	7	77:55	23	11.50	
17/26	65.4%	32	7	57	132	33	1	71	601:38	176	9.26	1位
3/4	75.0%	1	1	10	19	4	0	13	68:56	14	7.00	SF敗退
39/48	81.2%	47	12	89	144	30	0	63	702:57	205	7.88	4位
0/0	0.0%	3	0	2	4	2	0	4	35:19	11	11.00	優勝
2/3	66.7%	3	1	8	10	1	1	2	66:24	20	10.00	
3/5	60.0%	5	0	13	24	7	1	10	108:20	25	8.33	
26/37	70.3%	59	10	91	131	40	5	81	682:32	266	10.23	3位
6/6	100.0%	4	0	3	6	1	0	1	21:21	13	13.00	SF敗退
2/2	100.0%	5	0	5	10	4	0	5	61:30	27	13.50	

- ●G（出場ゲーム数）
- ●GS（スタメン出場ゲーム数）
- ●2PM/A（フィールドゴール成功数／試投数）
- ●2P%（フィールドゴール成功率）
- ●3PM/A（3ポイントゴール成功数／試投数）
- ●3P%（3ポイントゴール成功率）
- ●FTM/A（フリースローゴール成功数／試投数）
- ●FT%（フリースローゴール成功率）
- ●F（ファール数）
- ●OFF（オフェンスリバウンド数）
- ●DEF（ディフェンスリバウンド数）
- ●AST（アシスト数）
- ●STL（スティール数）
- ●BLK（ブロック数）
- ●TO（ターンオーバー数）
- ●MIN（出場時間）
- ●PTS（ポイント合計）
- ●PPG（ポイントアベレージ）
- ●F（ファイナル）
- ●SF（セミファイナル）
- ●QF（クォーターファイナル）

Wリーグ個人成績

チーム	シーズン		G	GS	2PM/A	2P%	3PM/A	3P%
JX-ENEOS	14-15	レギュラーシーズン	29	24	36/94	38.3%	20/98	20.4%
		プレーオフ／SF	1	0	1/2	50.0%	0/0	0.0%
		プレーオフ／F	2	0	0/3	0.0%	0/5	0.0%
	15-16	レギュラーシーズン	23	0	33/89	37.1%	21/59	35.6%
		プレーオフ／QF	2	0	2/5	40.0%	1/6	16.7%
		プレーオフ／SF	2	0	0/2	0.0%	0/2	0.0%
		プレーオフ／F	4	0	5/14	35.7%	2/12	16.7%
	16-17	レギュラーシーズン	27	0	17/38	44.7%	7/38	18.4%
		プレーオフ／QF	2	0	0/1	0.0%	1/3	33.3%
		プレーオフ／SF	2	0	0/1	0.0%	0/2	0.0%
		プレーオフ／F	3	0	3/7	42.9%	7/14	50.0%
	17-18	レギュラーシーズン	32	0	35/59	59.3%	14/53	26.4%
		プレーオフ／QF	1	0	0/0	0.0%	1/3	33.3%
		プレーオフ／SF	1	0	1/1	100.0%	0/2	0.0%
		プレーオフ／F	1	0	0/7	0.0%	2/2	100.0%
	18-19	レギュラーシーズン	22	0	36/64	56.2%	10/45	22.2%
		プレーオフ／SF	2	0	0/4	0.0%	0/3	0.0%
		プレーオフ／F	2	0	0/1	0.0%	0/3	0.0%
	19-20	レギュラーシーズン	16	3	15/30	50.0%	7/21	33.3%
ENEOS	20-21	レギュラーシーズン	16	16	40/70	57.1%	17/46	37.0%
		プレーオフ／SF	2	2	5/11	45.5%	8/18	44.4%
		プレーオフ／F	2	2	6/19	31.6%	2/13	15.4%
	21-22	レギュラーシーズン	19	19	54/99	54.5%	17/53	32.1%
		プレーオフ／SF	2	2	4/14	28.6%	1/6	16.7%
	22-23	レギュラーシーズン	26	26	44/107	41.1%	26/86	30.2%
		プレーオフ／QF	1	1	4/8	50.0%	1/1	100.0%
		プレーオフ／SF	2	2	6/18	33.3%	2/4	50.0%
		プレーオフ／F	3	3	8/20	40.0%	2/14	14.3%
	23-24	レギュラーシーズン	26	26	72/122	59.0%	32/105	30.5%
		プレーオフ／QF	1	1	2/6	33.3%	1/3	33.3%
		プレーオフ／SF	2	2	8/13	61.5%	3/12	25.0%

あしたも笑顔《えがお》で

2024年10月31日　第1版第1刷発行

著　者　宮崎《みやざき》 早織《さおり》
発 行 人　池田 哲雄
発 行 所　株式会社ベースボール・マガジン社
〒103-8482 東京都中央区日本橋浜町2-61-9
TIE浜町ビル
電　話　03-5643-3930（販売部）
03-5643-3885（出版部）
振替口座　00180-6-46620
https://www.bbm-japan.com/

印刷・製本　共同印刷株式会社

Printed in Japan
ISBN 978-4-583-11693-8 C0075

夢の時間

強く優しくしなやかに

今は、試行錯誤しながら一生懸命に、
大好きな人たちをおちょくりながら一緒に笑い合って、
バスケットボールプレーヤー・宮崎早織としての
時間を存分に楽しみます。

JAPAN
32
三井不動産

MIYAZAKI
32

バスケットを始めてから今まで、
「私は楽しく笑顔でプレーする」ことをモットーにしてきました。
チームのことを考えながらも、
「自分にとってバスケットって何だろう」と考えたときに、
どんな状況でも、まずは楽しくコートの上で走る続けようと思ったのです。
楽しく走り回って、先輩も後輩もみんなを巻き込んで、
チームってこういうものだよと、
一人ひとりに感じてもらえるよう表現してきました。

ENEOS
32
TOYOTA
11
ENEOS
99
4:40
30
50

JAPAN
USA

3
JAPAN
TOPPAN

こんな私でも、20年という年月のなかで
さまざまな経験を重ね、人知れず泣くこともあるなかで、
バスケットボールに真摯に向き合ってきました。
そのおかげで成長できて、
今なおＥＮＥＯＳサンフラワーズの一員であり、
そして女子日本代表の一員になることができたのです。

宮崎　早織 Saori Miyazaki

1995年8月27日生まれ、埼玉県川越市出身。ＥＮＥＯＳサンフラワーズ所属。小学3年生のときに南古谷アクロスに入ってバスケットボールを始め、与野東中学校を卒業後、愛媛県の聖カタリナ女子高校（現聖カタリナ学園高校）に進学。１年時から全国大会に出場し、3年時のウインターカップでベスト5に選ばれた。2014年にJX-ENEOS（現ＥＮＥＯＳ）サンフラワーズに入団。2020-21シーズンからスターターに定着すると、同年のＷリーグ・ベスト5に初選出され、東京2020オリンピックでは日本代表の一員として銀メダルを獲得。その後は代表チームでもポイントカードのスターターを任され、パリ2024オリンピック世界最終予選ではハンガリー会場のベスト5に選ばれる活躍で予選突破に大きく貢献。自身2度目のオリンピックとなったパリ大会は全3試合に先発出場した。

「ユラさんみたいになりたい」と思ってくれる若い子が
一人でも多くいたら、私はそれだけで楽しいし、うれしくなります。